Lb 55. 2446.

# Ils demandent des juges!

# QUESTION
### DES
# APANAGES D'ORLÉANS

PAR

M<sup>r</sup> DE LESTANG, DE FOIX,
AVOCAT A LA COUR D'APPEL DE PARIS.

## SOMMAIRE.

Préambule. — *Fiat lux*. — Des apanages. — Origine du mot et de la chose. — L'apanagiste n'est pas propriétaire. — Les rois de France, à leur avènement au trône, réunissaient leurs biens particuliers au domaine de la couronne. — Résistance du parlement de Paris aux lettres de jussion d'Henri IV. — Révocation de ses lettres patentes — Nullité radicale de la donation du 7 août. — La défense des exécuteurs testamentaires. — Réfutation. — Les apanages que la maison d'Orléans tient du duc de Ponthièvre sont indûment tombés en quenouille. — Indignité de la branche cadette. — La démission de M. Dupin. — Incompétence des tribunaux. — Conclusion.

— Prix: 1 fr. 25 cent. —

## PARIS,
CHEZ DENTU, LIBRAIRE-ÉDITEUR,
Palais-Royal,
ET CHEZ TOUS LES PRINCIPAUX LIBRAIRES.

1852

# QUESTION
### DES
# APANAGES D'ORLÉANS.

---

### PRÉAMBULE.

*Fiat lux.*

Le décret du 22 janvier sur les biens apanagés de la famille d'Orléans a produit dans le public des impressions diverses, selon le point de vue où il a plu à chacun de se placer.

Les uns y ont vu tout simplement une confiscation; d'autres, une mesure politique hardie, mais sans droit, sinon sans but.

Ceux-ci, une vengeance.

Ceux-là, une imprudence.

Il en est même qui ont bien voulu y voir une menace, ou plutôt, une atteinte au principe sacré de la propriété.

Plusieurs, enfin, de ceux qui ont approuvé ce décret, ont été mus par des sentiments qui, nous en sommes convaincu, n'ont pas présidé à sa conception.

Cette diversité d'appréciations s'explique par les difficultés que soulève une aussi grave question, par les intérêts qu'elle froisse, et par l'incompétence radicale de presque tous ceux qui se sont mêlés de la juger ; car ils ne se doutent guère qu'elle participe à la fois du droit public et du droit civil, qu'elle prend ses racines dans les antiques usages de la monarchie, et puise ses éléments principaux dans les ordonnances séculaires des rois de France et dans les arrêts de nos vieux parlements.

Le décret du 22 janvier étant, selon nous, l'un des actes les plus considérables et les plus féconds du nouveau pouvoir, nous avons voulu remonter à la source des immenses richesses de la maison d'Orléans, explorer leur origine pour connaître la nature et l'étendue des droits qu'elles ont créés.

Mais avant d'aborder un sujet aussi scabreux, et pour le traiter sous toutes ses faces, en toute liberté, nous devons le déblayer d'avance des objections parasites, et nous affranchir de toutes les entraves que de fausses convenances, imaginées par un parti aux abois, pourraient susciter sous nos pas. Ici, doivent trouver leur place, les lignes suivantes que nous écrivions en 1849 sur la profession du barreau :

« *L'avocat qui possède l'indépendance politique*
« *offre déjà une garantie de son indépendance*
« *judiciaire. Celui qui a l'intelligence et le cou-*
« *rage de sa mission, ne doit jamais reculer de-*
« *vant une tâche périlleuse ou compromettante,*
« *quels que soient ses adversaires, apparents ou*
« *cachés, lorsqu'il est convaincu de leur injustice*
« *et de leur mauvaise foi: il faut savoir quelque-*
« *fois* ACCEPTER *un procès....* »

Eh bien! nous n'hésitons pas à le déclarer : nous

nous associons sans réserve à la grande mesure du 22 janvier ; nous la proclamons juste, équitable, intelligente, courageuse et nationale. Mais si nous venons spontanément nous immiscer dans le grand procès aujourd'hui engagé entre la France et la dernière dynastie déchue, nous n'y apportons ni haine, ni rancune (1), ni prévention, ni intérêt, Dieu merci ! Notre plume et notre faible voix sont pures de tout trafic ; la prudence de la peur et la cupidité nous furent toujours inconnues, et nous n'avons jamais permis aux passions politiques d'aveugler notre conscience au détriment de la vérité.

Au milieu de la profonde décadence où sont tombées les mœurs publiques, ce langage, nous le savons, excitera plus d'un sourire de dédain ou d'incrédulité. Les uns et les autres seront pour nous un

---

(1) Nous fûmes traduit pour délit de presse, en 1846, devant la Cour d'assises de l'Ariége, sur les poursuites de M. B., alors procureur du roi, Sa Majesté Louis-Philippe, aujourd'hui procureur de la République nous ne savons où.

légitime sujet d'orgueil, et nous nous honorerons de n'être pas compris, ou d'être soupçonné par ces hommes convaincus, dont le dévoûment vaut son pesant d'or... experts en intrigues lucratives, éternels faiseurs de chausses-trapes déguisées sous les broussailles des sophismes parlementaires, et artistement saupoudrées de magnifiques discours. Nous savons aujourd'hui ce que valent bien des consciences, nous connaissons le mobile prosaïque de bien des dévoûments, et le thermomètre variable des plus patriotiques ardeurs... Si elle connaissait le côté sacrifié de certains caractères, l'opinion, mieux éclairée, briserait plus d'une statue !

Non, nous ne venons ici nous poser ni en courtisan, ni en ennemi. Ceux qui nous connaissent personnellement nous rendent cette justice que le mensonge et la lâcheté ne furent jamais notre partage. Nous approuvons tel acte et nous en démontrons la justice ; mais nous ne flattons personne, et notre main fut toujours inhabile à manier l'encensoir. En condamnant tel crime, telle félonie, tel fait, telles tendances, nous demandons nos preuves à l'histoire, et nos lumières à la morale universelle..... mais nous avons assez de grandeur d'âme pour comprendre que les infortunes les plus méritées ont leur prestige, et qu'on doit le respect aux ennemis vaincus.

Qu'il nous soit permis de le répéter une dernière fois, nous ne venons plaider la cause de personne, et nul ne nous a donné la mission que nous avons reçue de notre seule inspiration. Il n'est pas de lien, quel qu'il soit, qui nous rattache au pouvoir actuel ; nous irons même jusqu'à dire, et il est assez fort pour nous en laisser la liberté, que les actes du 2 décembre ont soulevé des scrupules dans notre conscience timorée, parce que ces actes brisaient violemment l'impasse constitutionnelle où nous étions tous engagés, et où de prochaines éventualités que nous n'eussions jamais soupçonnées si formidables, nous tenaient tous en échec. C'est l'histoire du malade que gagne la gangrène, et qui refuse de se laisser amputer. Mais l'opération une fois faite, on renie sa propre faiblesse, et l'on remercie le chirurgien.

Depuis trois mois, bien des illusions sont détruites et bien des masques sont tombés. Les grands mots n'ont plus cours et les grands hommes sont passés de mode. Il semble même qu'une dépréciation sensible, une baisse considérable, aient frappé, dans l'industrie politique, l'article des principes. La France fatiguée de tourner à vide la meule du progrès, ou de rouler le rocher de Sisyphe, renonce à son labeur ingrat et s'enveloppe du manteau du destin ; car elle n'a plus foi dans ses augures, immortels *sauveurs* qui ne peuvent plus aujourd'hui se rencontrer sans rire. L'expérience est faite, et nous nous proclamons *désaveuglé*. Ce mot est juste et nous l'adoptons, bien qu'il ait conquis l'indulgence de l'Académie.

Mais si nous ne sommes ni le flatteur des uns, ni l'ennemi des autres, nous sommes avant tout et par-dessus tout l'*impavide* (1) adversaire des partis

---

(1) Comme ce mot, ainsi que beaucoup d'autres, manque à notre langue, nous sommes convaincu que l'Académie ne l'acceptera pas.

qui ont l'usurpation pour base, et dont l'intrigue et la cupidité sont les principales vertus. Faut-il donc laisser la lumière sous le boisseau, dans une question qui intéresse si vivement le pays, sous prétexte que ses rayons vont se projeter sur des tombeaux, tuer les espérances et dissiper les illusions de l'exil? Faut-il laisser l'opinion, fût-elle du plus grand nombre, s'égarer jusqu'au point de prendre pour une confiscation arbitraire ce qui n'est, après tout, qu'une légitime restitution? Non! le sujet que nous venons rapidement traiter est de ceux qui, par leur nature, ne se prêtent pas aux transactions du langage ou de l'histoire. En pareille matière, il faut tout dire ou ne rien dire du tout. Le droit, la vérité, la justice, se trouvent ici en présence du sophisme, de l'erreur et de l'ambition. D'un côté l'orléanisme, principe du mal, fatal génie qui depuis plus de soixante ans déchaîne à volonté les ravages des dissensions civiles; l'orléanisme, avec sa morale équivoque, ses maximes dissolvantes et son principe amphibie qui lui permet d'avoir ses deux pieds dans deux camps ennemis, et d'arborer, tour-

à-tour, le drapeau légitime et le drapeau révolutionnaire.... De l'autre, l'État, protecteur, administrateur des intérêts du pays, l'État, SEUL PROPRIÉTAIRE ET MAITRE ABSOLU des biens qui viennent de lui être restitués, par la raison qu'ils n'étaient que des apanages, sorte D'USUFRUIT institué, dans l'origine, *comme prix de* RENONCIATION *et de* FIDÉLITÉ!! l'État qui est immuable et qui survit toujours lorsque les dynasties se dispersent ou sombrent dans les abîmes!

Oui : dans cette question mal comprise et encore environnée de ténèbres, il faut enfin que la lumière se fasse. Il faut, surtout, ne pas la condamner par sa propre grandeur et sa fécondité, la poser dans ses véritables termes, la prendre à son principe, la suivre dans ses évolutions historiques et la dépouiller de tout ce qui la masque, prestige du nom, ou préjugés publics.

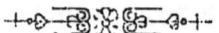

# DES APANAGES.

### Origine du Mot et de la Chose.

Sous les rois des deux premières races de la monarchie française, et jusqu'à Hugues Capet, chef de la troisième, les princes, fils légitimes ou bâtards du dernier roi décédé, se partageaient entre eux toutes les provinces qui, devenant ainsi des portions démembrées du royaume, n'étaient plus que des foyers de discorde, et compromettaient la grande unité politique déjà recommandée dans l'antiquité par le philosophe Aristote.

Pendant cette longue période, la royale succession se divisait comme un vaste patrimoine immobilier, et la féodalité, cette puissance aux mille têtes, profitait de cette division pour fortifier sa puissance aux dépens de l'autorité suprême ; car chaque prince devenait littéralement roi de la portion qui lui était échue.

Les rois de la troisième race, et Hugues Capet le premier, comprirent donc qu'il était urgent de briser d'aussi désastreuses traditions qui, en morcelant indéfiniment le territoire et le pouvoir royal, comme on le ferait aujourd'hui d'une simple succession bourgeoise, devaient forcément amener la ruine de la monarchie.

Ces puissantes considérations créèrent un nouveau système de partage qui consista d'abord à distraire de la couronne quelques portions plus ou moins considérables qu'on attribuait en toute propriété aux enfants puînés, pour laisser en entier le reste de la succession sur la tête de l'héritier. Mais l'institution nouvelle, bien que constituant un véritable progrès, renfermait un double vice qui devait disparaître un jour : c'était, d'un côté, le droit absolu de propriété de l'apanagiste ; de l'autre, la successibilité des filles et des collatéraux aux biens distraits à titre d'apanage.

On comprit encore tout ce qu'avaient de dangereux et d'impolitique ces démembrements réitérés et irrévocables du domaine de la couronne ; filles et collatéraux furent successivement exclus du droit de succéder aux apanages, les premières, en 1268, par l'ordonnance de Louis IX, auquel l'histoire a justement conservé le magnifique nom de saint Louis ; les secondes par Philippe-le-Bel, dans son codicille ou ordonnance de 1314, confirmé par arrêt du parlement du 22 février 1322. Quant au droit absolu de propriété que les princes puînés avaient sur leurs apanages, il fut supprimé pour la première fois par Louis VIII, dans la concession qu'il fit à son frère Philippe, comte de Boulogne, en 1223, et confirmée par son testament que nous avons sous les yeux, et que nous jugeons inutile de transcrire.

La même clause de retour à la couronne, à défaut d'hoirs mâles, se retrouve dans les lettres patentes de Louis IX, par lesquelles il apanage Philippe, son fils aîné. Ces lettres, de mars 1268, contiennent, entre autres dispositions : « que, si par « hasard, il arrive que notre susdit fils ou ses héri- « tiers meurent sans enfants, tous les susdits biens « retourneront librement à notre héritier ou à notre « successeur, quel qu'il soit, qui tiendra alors le « royaume de France, etc. »

Même condition de retour pour l'apanage assigné à son fils, Pierre : *Nos Petro filio nostro et hæredibus suis de corpore suo, etc.... predicta omnia ad heredem seu successorem nostrum,* LIBERE REVERTANTUR.

*Idem*, pour l'apanage concédé à Robert, autre fils de saint Louis.

Un arrêt de 1268 avait déjà confirmé la condition de réversibilité à la couronne, à défaut d'enfants mâles, en faveur de saint Louis contre Charles d'Anjou, et Alphonse, comte de Poitiers, ses frères. Ce monument de jurisprudence n'empêcha pourtant pas saint Louis de prévenir les contestations futures à ce sujet, en stipulant, dans son testament et dans ses lettres de concession, la clause désormais éternelle du retour à la couronne, dans le cas où quelqu'un des princes apanagés viendrait à décéder *sine herede de corpore suo*.

Si nous voulions faire passer sous les yeux de nos lecteurs tous les documents qui attestent et consacrent ce principe fondamental, lettres, édits, ordonnances, testaments et arrêts, notre travail dépasserait de beaucoup les bornes restreintes que nous sommes forcé de lui assigner. Cette règle, même dans le cas où il n'en était pas fait mention, était pourtant toujours sous-entendue. Et pour éviter toute espèce de doute ou d'équivoque, pour que la moindre contestation ne pût pas s'élever à l'avenir, Charles IX, qui en comprenait l'importance capitale, voulut la convertir en loi définitive,

Voici le préambule de son ordonnance de 1566 :

« Parce que les règles et maximes anciennes de
« l'union et conservation de nostre domaine sont à
« aucuns assez mal et aux autres peu connues,
« nous avons estimé très nécessaire de les recueillir
« et réduire par articles, et iceux confirmer par édict
« général et irrévocable, afin que, ci-après, n'en
« puisse douter. "

« ARTICLE PREMIER. — Le domaine de nostre cou-
« ronne ne peut estre aliéné qu'en deux cas seule-
« ment : l'un pour apanage des puisnez mâles de
« la maison de France, auquel y a retour à nostre
« couronne par leur décèds sans mâles en pareil
« estat et condition qu'étoit le dit domaine, lors de
« la concession de l'apanage, non-obstant toute
« disposition, possession, acte exprès ou taisible,
« fait ou intervenu pendant l'apanage… »

Il y a encore d'autres cas que celui du défaut
d'enfant mâles, où des portions considérables d'a-
panages retournaient à la couronne. C'est celui

où les successeurs d'un roi trouvaient que l'apanage établi par leur prédécesseur était immodéré, c'est-à-dire trop étendu. Dans ce cas, ils le réduisaient plus ou moins, comme Charles V le fit justement contre un Philippe d'Orléans son oncle. Du Tillet apprécie ainsi et constate ce droit de réduction : *Combien que s'il y auoit de l'excez, le successeur roy le peult retrancher, et les dicts apennages avoir retour à la couronne.*

Cette sage et prudente mesure, qui confirmait de plus fort la règle invariable, le droit incontesté de la couronne sur la PROPRIÉTÉ de biens apanagés, cette faculté de réduction, disons-nous, aurait dû être plus souvent appliquée. Si elle avait frappé, par exemple, les apanages immodérés, scandaleux des derniers puînés de France, il est probable que ceux-ci n'eussent pas fait de leur immense fortune l'usage que nous savons.

Sans multiplier inutilement les textes et les exemples, il est maintenant hors de doute et de contestation que les apanages concédés aux puînés n'étaient qu'une dérivation, une distraction momentanée du domaine de la couronne à laquelle ils retournaient de droit dans plusieurs cas déterminés.

---

### Étymologie du mot apanage.

Plusieurs auteurs anciens se sont passé la fantaisie de rechercher la signification étymologique du mot apanage. Les uns le font dériver du latin *panis*, pain. « Autres, dit du Tillet, pensent le mot être venu du grec, *panegos*, qui est sustentation ou provision. » Nous ne garantissons pas l'exactitude de cette explication que le mot *panegos* (πα-νεγος) ne justifie pas.

Plusieurs anciennes coutumes, appliquant le mot aux particuliers aussi bien qu'aux princes, pour désigner une fille dotée, disaient qu'elle était *apanée* d'un mauvais latin, *apanare*, qui signifiait sustenter.

Charondas, dans son commentaire sur les ordonnances, repousse l'étymologie du mot latin *panis*. « Quelques-uns, dit-il, la tirent du mot pain, mais mal à propos. » D'autres le font dériver des mots grecs το παν αγιον (to pan agion), en latin *totum sacrum*, définition qui nous paraît assez judicieuse, puisque ces mots signifient : *le tout sacré*. Ils exprimeraient assez bien le caractère de l'apanage qui est essentiellement sacré pour l'apanagiste, puisqu'il n'a pas le droit d'y toucher.

Enfin Antoine Loysel, *advocat en parlement*, n'admet aucune de ces étymologies, et il fait dériver l'apanage du mot latin *penna*, plume. Il dit dans ses opuscules, pages 67 et 68 : « C'est se
« donner trop de peine de le faire venir de pain ou
« de παν αγιον. Je crois donc qu'apenner se dit, comme
« qui dirait, donner des pennes (ou plumes) et
« moyens aux ieunes seigneurs sortant du nid de
« la maison de leurs pères pour commencer à vo-
« ler..... »

Sans attacher une grande importance à cette diversité d'opinions, nous avons une raison particulière pour adopter l'étymologie originale et pittoresque de Loysel ; mais nos motifs de décision se trouvent diamétralement opposés aux siens. En attribuant au mot apennage, tel qu'on l'écrivait de son temps, l'origine latine, *penna*, plume, il suppose que les rois considéraient leurs puînés exclus de la succession au trône, comme de jeunes oiseaux à qui il fallait donner des ailes pour se guider tout seuls, *et faire fortune par quelques exploits de guerre, comme Dieu les conduirait*..... Quant à nous, le mot *penna* nous paraît devoir être appliqué d'une autre manière, si nous reportons notre mémoire aux considérations primordiales qui ont présidé à la fondation des apanages, et aux sanglantes dissensions que le partage de la monarchie suscitait souvent entre les héritiers, descendants de Charlemagne ou de Clovis. Nous ferons volontiers, comme Loysel, dériver l'*apennage* du mot *penna*, mais nous pensons qu'en adoptant cette explication, la lettre *a* doit aussi jouer son rôle et compléter la pensée. Or tout le monde sait que, dans la langue latine, l'*a* est privatif, comme l'est dans la nôtre la syllabe *in* : *a-mens*, privé d'esprit ; *a-cephalus*, privé de tête ; *a-pennis*, privé de plumes. Pour se rattacher logiquement à cette bizarre étymologie, il faut donc supposer que les anciens rois, voulant obvier au vice du partage, et mettre un terme aux guerres incessantes que l'égalité des droits suscitait dans l'origine entre les enfants, réservèrent à l'aîné la succession à la couronne, considérèrent les cadets comme des faucons ou des éperviers trop disposés à voler, et s'empressèrent en conséquence de leur couper ou arracher les plumes, au moyen des *a-pennages* qui n'étaient que des provisions. Les plumes ont repoussé à quelques-uns, l'histoire nous l'apprend. Aiguisant bec et ongles dans l'ombre des conspirations, ils ont fini par donner à leur vol des proportions menaçantes, et c'est au plus haut des régions où ils se croyaient inaccessibles que plusieurs d'entre eux ont été dispersés par la tempête, et quelques autres frappés tout récemment, dans leur retraite, d'une flèche inattendue.....

A cette différence près, et moyennant cette réserve, nous adoptons de préférence l'opinion du bon Loysel.

Mais, nous le répétons, nous attachons une médiocre importance à ces détails très secondaires sur lesquels nous n'avons insisté que parce que toutes ces définitions, sans en excepter une seule, font comprendre, dans leur naïveté, la nature des apanages, le caractère et l'étendue des droits qu'ils conféraient. Telle est la date, l'origine, la source de cette institution, telle qu'elle s'est transmise et perpétuée jusqu'à nos jours, participant à la fois de la substitution et de l'usufruit, par la transmission immuable aux descendants mâles, et par le droit de retour dont les apanages sont frappés.

—

**L'apanagiste n'est pas propriétaire.**

M. Dupin, savant conseil de la famille d'Orléans, dans un traité des apanages où il semblait prévoir et redouter pour ses augustes clients l'événement du 22 janvier, s'efforce, mais en vain, d'étendre outre mesure les droits de l'apanagiste, pour en faire un propriétaire d'une espèce toute nouvelle et parfaitement inconnue. Nous n'avons pas le temps, et nous en manifestons le sincère regret, de le suivre dans les lointaines et profondes dissertations dont il a enrichi la question des apanages. Nous nous contenterons d'invoquer contre lui-même quelques-unes des autorités dont il s'est servi.

En tête de ces autorités, il invoque celle du chancelier d'Aguesseau parce que ce savant magistrat pensait « que l'apanagiste doit être considéré *à* « *plusieurs égards*, comme propriétaire, quoique « le bien qu'il possède soit reversible à la couronne, « à défaut d'hoirs mâles. »

Les mots : *à plusieurs égards*, constituent à eux seuls une restriction que tout le monde comprend.

Le défenseur des princes d'Orléans invoque encore, chose étrange, l'autorité de M. Merlin. Or, voici ce que dit l'auteur du Répertoire de jurisprudence :

« Le nom d'apanage représentait une sorte de « concession qui, sans morceler le domaine de la « couronne, *en suspendait la jouissance pour quel-* « *que temps, et pour quelque portion*, MAIS SANS « TOUCHER A LA PROPRIÉTÉ. »

Mais ce qu'il y a de plus singulier, c'est de voir M. Dupin s'appuyer modestement sur l'opinion de l'auteur anonyme d'un *essai sur les apanages*, parce que cet auteur, dit-il, reconnaît que le prince apanagiste a des droits plus étendus que le simple usufruitier.

C'est un point que nul ne conteste et qui est complètement étranger à la question qui est celle-ci : Etes-vous propriétaire, ou n'êtes-vous qu'une espèce quelconque d'usufruitier ? Eh bien ! consultons le même auteur anonyme, et nous verrons ce qu'il en pense :

« Les apanages donnés à titre de prévoyance et « d'entretènement ne peuvent constituer une pro-

« priété foncière et absolue. Le retour à la cou-
« ronne dont ils sont grevés établit une substi-
« tution. Ce genre de possession ne permet pas aux
« princes de rien innover ; ILS NE SONT QU'USU-
« FRUITIERS ; ils ne peuvent jouir que dans l'ordre
« et de la manière dont jouissait le roi ; toute muta-
« tion, tout changement, doivent être approuvés
« par lui » (page 14, § 5). Plus loin, nous remarquons un passage fort piquant qui mérite de
fixer notre attention : « Les apanages durent alors
« être considérés comme des provisions données
« aux puînés, dont l'effet était, EN LES EXCLUANT DE
« TOUTE PRÉTENTION, de libérer le roi et l'État de
« tout ce qui pouvait leur être dû : la subsistance
« et l'entretènement. »

Nous avons vu depuis 89 jusqu'à quel point ces
attributions d'apanages, qui étaient devenues immenses, ont paralysé les prétentions de MM. d'Orléans. Il est probable que nous en dirons deux
mots.

Du Tillet, dans son recueil des rois de France,
page 127, 2ᵉ partie, s'exprime ainsi :

« La conséquence qui dépend de la dite clause
« de retour à la couronne, est, qu'à cause de ce,
« les appennez ne peuuent charger, hypotecquer,
« ne asseruir leurs appennages au préjudice de la
« couronne, *et si faict l'ont*, et le cas du retour
« eschoit, toutes icelles charges, hypotecques et
« servitudes s'esvanouissent, et retourne l'appen-
« nage à la couronne, franc et déliuré d'icelles et
« comme il estoit lorsqu'il fut baillé. »

M. Dupin, battu sur cette question par les anciens auteurs, éprouve le besoin d'atténuer leur im-
posante autorité. « Ces auteurs, dit-il, ne parais-
« sent pas avoir eu des idées fort distinctes sur la
« nature des droits de l'apanagiste. » Il est facile de
se convaincre, au contraire, que les appréciations
de ces auteurs, contemporaines ou rapprochées des
édits qui créaient les apanages, étaient fort justes,
fort distinctes, si nous en jugeons par leurs termes
clairs, précis et empreints de toute la naïveté lit-
téraire de leur époque.

Ce n'est pas tout. Le célèbre avocat des princes d'Orléans, qui attribue à l'apanagiste des

droits, pour ainsi dire, illimités, est allé jusqu'à lui donner celui de couper les bois de haute futaie, dans le but évident de rendre plus profonde et plus visible la ligne de démarcation qu'il trace entre l'apanagiste et l'usufruitier. Sur ce point, il s'est bien rappelé l'article 592 du Code civil, restrictif des droits de ce dernier, mais il a oublié l'article 8 de l'ordonnance de Charles IX de 1566 qui est ainsi conçu : « Ceux auxquels nostre domaine au-
« roit esté duement aliéné pour les causes que des-
« sus (l'apanage), ne pourront néanmoins couper
« les bois de haute fustaye ni toucher aux forests
« qui seront ès dites terres, et si fait l'avoient, se-
« ront contraincts à la restitution du profit et dom-
« mage qui en seroit advenu. »

M. Dupin a oublié encore l'arrêt du parlement de Paris, du 7 mai 1661, qui, tout en enregistrant les lettres patentes de Louis XIV en faveur de Monsieur, duc d'Orléans, son frère, tranche cette question en ces termes : « La cour a ordonné et
« ordonne que les dites lettres seront enrégistrées
« et exécutées... à la charge que des bois de haute

« futaye dépendants des lieux délaissés (concédés)
« par les dites lettres patentes, le dit sieur frère du
« roi *n'en pourra démolir, abattre, ni user,* sinon
« comme un bon père de famille, pour l'entretè-
« nement et réparation des édifices... »

Et le bon du Tillet qui se mêle de tout et prévoit tout en cette matière, nous donne aussi son importun avis :

« N'est équitable conter au revenu les coupes des
« bois de haute fustaye, baillés en apanage, le do-
« maine de la couronne, en cas de retour, en sen-
« tiroit le dommage. » Ici, la rime est parfaitement d'accord avec la raison.

L'on voit, d'après ces citations que nous pourrions multiplier à l'infini, que M. Dupin est, pour les princes, d'une générosité plus que royale. Mais les vieux parlements, fidèles gardiens des bonnes trations, défenseurs consciencieux des intérêts de la couronne et de l'État, rigoureux observateurs des lois du royaume, même lorsqu'elles étaient contraires aux désirs ou à la volonté du monarque (nous en citerons quelques exemples), les parlements, dans leurs arrêts, les auteurs dans leurs livres, et les rois dans leurs édits, nous ont clairement et irrévocablement fixés sur la nature, l'étendue et le but des apanages. Maintenant, que nous importeront les droits de *propriétaire utile, d'action directe,* ou *de modification* que l'apanagiste peut avoir de plus que l'usufruitier? Il ne s'agit plus que de savoir si un homme, qui ne peut ni vendre, ni aliéner, ni disloquer, ni donner, ni même hypothéquer un domaine qu'il tient de sa naissance et souvent de la faiblesse du roi, qui est obligé de le conserver religieusement pour le faire, au besoin, remonter à sa source, si un homme qui ne peut frapper son apanage d'une obligation quelconque, sans avoir obtenu l'approbation du souverain, si cet homme, disons-nous, est propriétaire et maître des domaines apanagés? Il n'y a pas de paradoxe, il n'y a pas d'effort prodigieux de chicane ou d'esprit de parti qui puisse arriver à une pareille conclusion. Et si quelques édits ont parfois étendu l'importance des apanages, s'il y a eu, selon du Tillet, des accroissements, des suppléments et resuppléments, à mesure que les princes devenaient plus insatiables, sans que pourtant la clause de réversion ait jamais été oubliée, cela changera-t-il leur nature, et leur essence en sera-t-elle détruite?

Nous résumons donc, sur ce point, l'état invariable et fixe de la législation française, telle que l'établissent les documents les plus antiques comme les plus récents : *L'apanagiste n'est pas propriétaire* : il n'est qu'un simple usufruitier. Le droit de retour à la couronne ou à l'État, et le droit trop peu exercé, mais exercé quelquefois, de supprimer et annuler les portions d'apanage qui paraissaient excessives, ne constituent sur la tête des princes qu'une possession essentiellement précaire. Nous aurons à examiner si les événements politiques et les révolutions modernes n'ont pas porté une nouvelle atteinte à cette institution féodale, et n'ont pas ouvert, au profit de l'État, un nouveau droit de retour que les usurpateurs détrônés s'efforceraient en vain de contester.

## Les rois de France, à leur avénement au trône, réunissaient LEURS BIENS PARTICULIERS au domaine de la couronne.

Il était de principe, sous la monarchie, que les biens appartenant à un prince se réunissaient, de plein droit, au domaine de la couronne, lors de son avénement.

La raison de cette adjonction venait de ce que le roi était la représentation vivante de l'État, fiction qui explique ces paroles célèbres de Louis XIV : *L'État, c'est moi.* La royauté, envisagée sous ce point de vue, ne pouvait pas se scinder. L'homme public absorbait l'homme privé ; le roi était tout, l'individu n'était rien. D'où il suit que, par une coutume traditionnelle et éminemment patriotique, le roi, chef suprême et indivisible, CONFONDAIT TOUS SES BIENS avec ceux de l'État. Comment, en effet, aurait-il pu posséder distinctement, lui qui n'était pas distinct ? Comment supposer que le roi de France, qui était censé réunir ou incorporer tous ses intérêts à ceux de la nation dont il était le vivant symbole, pût cependant rester simple particulier et propriétaire privé, par une arrière-pensée de mesquine cupidité indigne de la majesté royale? Le titre imposant et magnifique dont l'investissait sa naissance, avec les grands priviléges et la haute puissance qui s'y rattachaient, ne suffisait-il pas pour satisfaire à la plus noble, à la plus colossale ambition, et les préoccupations des intérêts privés pouvaient-elles se concilier avec la dignité du pouvoir suprême? Telles sont, entre autres, les considérations qui peuvent imprimer à cette belle et antique coutume un cachet de haute moralité politique; elle créait pour les rois un devoir impérieux de conscience et d'honneur auquel nul ne pouvait ni ne voulait se soustraire.

L'histoire nous en fournit pourtant un exemple. Il est un roi que la postérité a largement amnistié de ses faiblesses, qui eut quelque velléité de méconnaître ce grand principe de la monarchie, et de donner à ses successeurs un exemple de lésinerie domestique. Henri IV déclara, dans ses lettres patentes du 13 avril 1590, vouloir tenir son patrimoine distinctement du domaine de la couronne. Mais cédant enfin aux vives et respectueuses remontrances du parlement de Paris qui ne connaissait ni la corruption ni les lucratives complaisances, il révoqua ses lettres patentes, et publia l'édit de juillet 1607, où nous lisons les remarquables passages suivants :

« La cause la plus juste de la réunion des biens
« particuliers à la couronne a pour la plus part
« consisté en ce que nos dits prédécesseurs se sont
« dédiés et consacrés au public, duquel ne voulans
« rien avoir de distinct et séparé, ils ont contracté
« avec leur couronne une espèce de mariage com-
« munément appellé saint et politique, par lequel
« ils l'ont dotée de toutes les seigneuries qui, à
« titre particulier, leur pouvoient appartenir. »

Plus loin, Henri IV s'excuse d'avoir voulu se soustraire à cette grande et sainte union :

« Et néantmoins, la sincère affection que nous
« portions à feu nostre très chère et très aymée

« sœur unique, et le soin de payer nos créanciers,
« nous ont retenu de déclarer cette union. »

Le prétexte était certes spécieux et même honorable. Henri IV pourtant n'écouta plus que son devoir et ses sentiments de grand roi.

« Au contraire (de cette union), par nos lettres
« patentes du 13 avril 1590, aurions ordonné ce
« nostre domaine ancien, tant en nostre royaume
« de Navarre, souveraineté de Béarn et Domezan,
« pays bas de Flandre, que nos duchés, comtés,
« viscontés, terres et seigneuries enclavées en ce
« royaume, fust et demeurast désuni, distraict et
« séparé de celui de nostre maison et couronne de
« France...... ET SUR LES DIFFICULTÉS QUE NOSTRE
« COUR DE PARLEMENT DE PARIS FESAIT DE PROCÉDER A
« LA VÉRIFICATION DESDITES LETTRES, aurions fait
« dépescher deux autres lettres en forme de jus-
« sion (1), NONOBSTANT LES QUELLES NOSTRE PROCU-

---

(1) Les lettres de jussion, du latin *jubeo*, j'ordonne, avaient pour but de forcer la main aux parlements qui refusaient *d'enregistrer les ordonnances.*

« REUR-GÉNÉRAL se serait rendu partie pour la dé-
« fense des droicts de nostre couronne (1) ; lesquels
« ayant représenté à nostre cour, s'en serait ensuivi
« arrest du 29 juillet 1591, *par lequel ladite cour*
« *aurait arresté ne pouvoir procéder à la vérifica-*
« *tion desdites lettres !!!* ( quel exemple pour la
« chambre de 1832 ! )

« Mais depuis, ayans considéré les moyens sur
« lesquels nostre procureur-général s'est fondé, en-
« semble les raisons qui l'ont meû, et nosdites cours,
« touchés de l'affection que nous devons à nostre
« royaume, etc.... savoir faisons que de nostre pleine
« puissance et authorité royale, avons révoqué et
« révoquons par CESTUI NOSTRE ÉDICT PERPÉTUEL ET
« IRRÉVOCABLE, nos dites lettres patentes du 13 avril
« 1590. »

Nous ne savons, en vérité, lesquels ont le plus
de droit à l'admiration des hommes de cœur, du

---

(1) Acte vertueux et digne du sieur de la Guesle, procureur-général du roi.

( *Note de Fontanon.* )

parlement, du procureur-général ou du roi lui-même. Quant à nous, nous honorons également l'indépendance des uns et la loyauté de l'autre. Mais nous sommes convaincu que tous les procureurs-généraux n'auraient pas tenu le même langage, ni tous les parlements la même inflexible conduite.

Voilà donc l'édit du bon roi Henri IV, qui nous fixe clairement sur ce point capital de nos mœurs monarchiques. Qu'on nous permette de citer encore des monuments ultérieurs qui n'ont été que des consécrations successives de cette grande loi.

L'art. 6 du décret du 22 novembre 1790 porte : « Les biens particuliers du prince qui parvient au « trône, et ceux qu'il acquiert pendant son règne, « à quelque titre que ce soit, SONT DE PLEIN DROIT « et à l'instant même, unis au domaine de la na- « tion, et l'effet de cette union est perpétuel et ir- « révocable. »

Si l'on prétendait, par hasard, que ce fut là une loi de circonstance qui devait disparaître avec les agitations de l'époque où elle parut, nous répondrions d'abord, que les événements politiques d'alors ne pouvaient être pour rien dans les motifs qui l'avaient dictée, puisqu'elle n'était que la sanction d'une loi antérieure qui se perdait dans la nuit des temps. Nous répondrions ensuite par l'article 20 de la loi du 8 novembre 1814 qui est ainsi conçu : « Les biens particuliers du prince qui parvient au « trône sont, DE PLEIN DROIT et à l'instant même, « réunis au domaine de L'ÉTAT, et l'effet de cette « réunion est perpétuel et irrévocable. » Même esprit, même but, mêmes mots, sauf que la loi de 1790 attribue ces biens à la *nation* et que celle de 1814 les attribue à *l'État*.

Ainsi, on le voit, les lois anciennes et les lois nouvelles, les rois et les parlements, les vieux auteurs et les auteurs nouveaux sont tous d'accord pour reconnaître et proclamer le devoir impérieux du prince qui parvient à la couronne.

Nous avons parlé d'auteurs nouveaux, et nous nous apercevons que nous n'en avons cité aucun ; c'est une lacune qui ne doit être attribuée qu'aux allures rapides de notre travail, que nous rédigeons au pas de course. Cette lacune, nous allons la combler.

Dans un volume in-18, publié avant la révolution de 1830, et intitulé : Des apanages en général, ET EN PARTICULIER DE L'APANAGE D'ORLÉANS, nous trouvons, page 207, le passage suivant que nous recommandons expressément au public, à M° Dupin et à ses clients :

« DE L'AVÉNEMENT A LA COURONNE.

« Les apanages n'étant accordés qu'aux fils et
« frères de rois, et transmissibles seulement à leurs
« descendants mâles, il est évident que les titulaires
« de l'apanage sont en ligne de succéder à la cou-
« ronne, si par le décès de tous ceux qui les précè-
« dent dans l'ordre de la légitimité, ils se trouvent
« appelés, en vertu de ce même ordre, à succéder au
« trône.

« Dans ce cas, COMME IL EST DE PRINCIPE QUE TOUS
« LES BIENS QUE LE ROI POSSÈDE AU JOUR DE SON AVÉ-

« NEMENT *sont réunis au domaine de la couronne*
« DE PLEIN DROIT, et par le seul fait de l'avénement
« qui s'opère en vertu de la loi fondamentale de
« l'État, il n'y a plus d'apanage, et les biens dont il
« se composait ne peuvent plus être distingués des
« autres domaines.

« Mais à l'instant même, aussi, commence pour
« l'apanagiste devenu roi l'obligation de pourvoir
« ses puînés ou ses frères d'un apanage convena-
« ble. Ainsi tout se concilie, et l'ordre en tout est
« pleinement conservé. »

L'auteur de cet ouvrage s'appelle M. Dupin.

Il est vrai que ces lignes malencontreuses ont été publiées en 1827. Si l'on était sorcier ! mais un jurisconsulte a beaucoup trop à faire déjà de connaître le passé pour qu'on exige de lui la prescience de l'avenir...

Dans tous les cas, nous sommes forcé d'en convenir, l'histoire est une terrible chose. Du fond de ses rayons vermoulus et poudreux, où elle dort, la sournoise, pendant des siècles entiers, elle se réveille quelquefois, à l'exemple d'Épiménide, pour faire entendre sa voix austère plus forte que les sophismes torturés de l'erreur. C'est elle qui nous a montré, dans toute sa force et toute sa grandeur, cette belle tradition monarchique, toujours respectée, toujours suivie, et à laquelle il fut porté, en 1830, une atteinte audacieuse que l'opinion fut bien loin de consacrer. Louis-Philippe, la veille de son usurpation, quarante-huit heures avant de ceindre la couronne, sachant bien que ses domaines allaient, DE PLEIN DROIT, se réunir au domaine de l'État, s'empressa d'en faire une donation à ses enfants. Nous allons prouver que cette donation était nulle, et qu'elle n'a pu, en aucune façon, détruire les droits imprescriptibles de l'État.

## Nullité radicale de la donation du 7 août.

Après les journées de Juillet, Charles X, retiré à Rambouillet, qu'il devait bientôt quitter pour aller demander une tombe à l'exil, écrivait à Louis-Philippe, duc d'Orléans, son bien aimé cousin :

« Le roi, voulant mettre fin aux troubles de la
« France, COMPTANT D'AILLEURS SUR LE SINCÈRE AT-
« TACHEMENT DE SON COUSIN LE DUC D'ORLÉANS, le
« nomme lieutenant-général du royaume. »

Cette pièce porte la date du 1$^{er}$ août 1830.

Le lendemain, Charles X abdique, et, en conséquence de cette abdication, il écrit encore au duc d'Orléans : « . . . . . Vous aurez donc, en votre
« qualité de lieutenant-général du royaume, à faire
« proclamer l'avénement d'Henri V à la cou-
« ronne. »

Comment fut-il répondu à cet acte de confiance qui rendait l'accomplissement d'un devoir d'honneur si facile, s'il était vrai, comme on le dit plus tard, lorsqu'on garda cette couronne pour soi, qu'on eût le goût de la retraite et nullement celui de la royauté ? Il y fut répondu en ces termes, par l'acte d'ACCEPTATION *du trône de France*, le 9 août 1830 : « J'accepte sans restriction ni réserve les clauses et engagements que renferme cette déclaration (celle des 219) et le titre de roi des Français qu'elle me confère, et je suis prêt à en jurer l'observation. »

Suit le serment.

Le drapeau fut changé, la charte fut badigeonnée, le roi des Français remplaça le roi de France, moyennant quoi, la France fut sauvée.

Mais, avant de sauver la France, on avait préalablement jugé à propos de sauver.... autre chose. Louis-Philippe, encore duc d'Orléans, venait de donner tous ses biens à ses enfants, pour se soustraire aux conséquences du principe de droit monarchique, d'après lequel tous ses biens particuliers devaient se confondre, de plein droit, avec le domaine de la couronne.

Messieurs les exécuteurs testamentaires du feu roi, en tête desquels figure M. Dupin, ayant appris le décret qui frappait cette donation de nullité en restituant à l'État ce qu'elle en avait indûment distrait, ont adressé au gouvernement et publié à l'étranger une défense protestatoire, dans laquelle ils font à la *réunion* des biens particuliers du prince donateur une objection qu'ils considèrent comme capitale, décisive, et que nous venons réduire à sa juste valeur, c'est-à-dire, à zéro.

« Une SEULE considération, disent-ils, DOMINE la
« question : l'ancien droit monarchique ne saurait
« être sérieusement invoqué contre le prince qui
« recevait la couronne, non pas conformément,
« mais contrairement à cet ancien droit. Le roi
« Louis-Philippe a occupé le trône après le roi
« Charles X ; il n'a pas été son successeur et son
« héritier ; il l'a *remplacé* mais il ne lui a pas *suc-*
« *cédé*..... Les lois de l'ancienne monarchie ne
« pouvaient s'appliquer à une monarchie nouvelle,
« à une liste civile nouvelle, à une CONSTITUTION
« nouvelle, devant amener des conséquences nou-

« velles.... » (et l'on aurait pu ajouter, des impositions nouvelles). Voilà l'argument dans toute sa splendeur et toute sa majesté.

Sans trop insister sur le côté moral d'une pareille doctrine, appliquée à des descendants des Bourbons, tâchons pourtant de bien nous rendre compte de l'impression qu'elle doit produire sur tous les hommes bien nés. Cette doctrine, nous la traduisons ainsi : En 1830, la longue chaîne des traditions, des grandes coutumes et des patriotiques lois fut rompue ; nous avons brisé sans réserve avec tout le passé ; nous avons renié notre nom, notre origine, notre famille, notre histoire, nos ancêtres de qui nous tenions à la fois, et notre prestige, et notre puissance : et tout cela, nous l'avons fait, non pas, certes, pour apporter à la France des lois plus morales, des coutumes plus patriotiques, des sentiments plus désintéressés, s'il est possible ! mais, au contraire, pour établir contre nous un redoutable contraste par des précautions fort adroites, sans doute, mais, à coup sûr, peu nationales, auxquelles nos prédécesseurs n'avaient jamais songé ! Tout cela, enfin, nous l'avons fait, parce que nous avons préféré être de riches et grands propriétaires, que d'être de grands rois à la façon d'Henri IV et de Louis XIV !!...

Comment supposer que des descendants des Bourbons consentent à tenir un semblable langage? Quant à nous, qu'on nous permette de le dire, ce langage nous l'aurions répudié; il sent sa rédaction bourgeoise, très peu princière, et par trop praticienne. Nous le trouvons, d'ailleurs, empreint d'une légère teinte de félonie.

Mais, par exemple, nous admirons le *remplacé* opposé au *succédé ;* nous sommes ici en pleine audience, et nous entendons le défendeur ou l'intimé fouillant avec ardeur le sac aux distinctions, aux prescriptions, aux argumentations et aux exceptions ; mais il y a tant de manières de remplacer les gens, que cette théorie du remplacement nous paraît tant soit peu hasardée !...

Arrivons à l'objection de droit monarchique soulevée par les exécuteurs testamentaires, et considérée par eux comme décisive.

Les lois de l'ancienne monarchie, dites-vous, ne peuvent s'appliquer à une monarchie nouvelle, créée, non pas conformément, mais *contrairement* à ces lois? La Révolution de 1830, en brisant l'ordre de succession, remplaça tous les éléments de l'ancien régime par une constitution nouvelle, qui, seule, pouvait lier la nouvelle dynastie et qui l'affranchissait de cette importune tradition?

Tel est le sens de l'objection ; nous n'avons nul intérêt à l'affaiblir ou à la dénaturer.

A votre tour, messieurs, veuillez bien répondre à ceci :

Ou vous avez brisé les vieilles lois de la monarchie, puisque vous vous honorez de les avoir répudiées ;

Ou vous les avez conservées. C'est l'un ou c'est l'autre. Si vous les avez brisées pour vous soustraire aux obligations qu'elles vous imposaient, vous les avez brisées aussi pour faire l'abandon des avantages DONT ELLES ÉTAIENT LA SOURCE. Nous vous défions d'éviter les conséquences mortelles de ce dilemme.

Eh bien! nous voulons savoir si vous avez rendu les apanages.....

Non. Vous les avez gardés.

De sorte que vous auriez à la fois supprimé et conservé l'antique loi, puisque, d'un côté, vous auriez nié *les devoirs* qu'elle vous imposait, et que de l'autre, vous auriez gardé *les avantages* qu'elle vous conférait.

Avez-vous bien compris?

Crainte d'équivoque, nous insistons. Nous savons maintenant que les apanages étaient une institution de la vieille monarchie; qu'ils ne devinrent excessifs que par l'effet de la munificence royale, et que les princes puînés les recevaient *pour prix de leur renonciation à la couronne*, et pour leur tenir lieu de leurs droits légitimaires. Voilà la cause et le but de leur création.

Qu'arrivait-il alors? Si l'un des princes apanagés montait sur le trône, il n'était plus apanagiste, il était roi; ses biens se réunissaient au domaine de la couronne, et à son tour, il apanageait ses enfants puînés, pour transmettre la royauté à son héritier présomptif.

Pour nous servir d'une expression vulgaire mais fort juste, cela marchait comme sur des roulettes.

Mais, vous, messieurs, qui prétendez avoir détruit cet ancien ordre de choses, vous, qui possédez une immense fortune apanagère *en vertu de cette loi monarchique à laquelle vous devez tout ce que vous êtes*, vous qui, depuis Louis XIV jusqu'à Charles X, avez accumulé, pendant deux cents ans, apanages sur apanages, non pas *contrairement*, mais bien *conformément* à ce vieux droit monarchique, aujourd'hui renié par vous, de grâce soyez conséquents et restituez à la France les apanages qui lui appartenaient, dont vous n'aviez que l'usufruit, et qui, dans le principe, ne vous furent concédés que pour prix DE VOTRE RENONCIATION ET DE VOTRE FIDÉLITÉ. Restituez les apanages, puisqu'en cessant de *renoncer* et d'être *fidèles*, vous avez perdu le droit de les conserver ; restituez les apanages, puisqu'en brisant la loi de succession au trône, vous avez détruit de fond en comble la raison d'être de ces apanages. Lorsque nos anciens rois ceignaient la couronne avec laquelle, disait le bon Henri IV, ils contractaient un mariage saint et politique, ils lui apportaient en dot tous leurs biens personnels qu'ils confondaient sans réserve avec son domaine. Mais vous, messieurs, *vous avez changé tout cela;* vous avez jugé à propos de ne lui apporter rien du tout, et de garder, pour vous, les biens immenses dont vous avait comblés l'antique loi de succession ! de telle sorte que vous ne possédez qu'en vertu d'une loi que vous avez brisée !

Il faut pourtant choisir; s'il est vrai que Louis-Philippe ait eu le droit de donner ses biens particuliers à ses enfants, en usurpant la couronne, du moment où il détruisait l'ancien droit monarchique, soit en se substituant à l'héritier du trône, soit en gardant ses biens personnels, cet ancien droit cessait de le protéger dans ses possessions apanagères, puisqu'elles étaient uniquement l'effet, la conséquence de ce droit. *Cessante causâ, cessat effectus.*

En un mot, c'est justement parce que vous avez violé la loi qui vous apanageait que vous avez voulu rester apanagés !...

O Escobard ! tu n'étais qu'un enfant !...

Mais cette prétention elle-même d'avoir introduit un ordre de choses nouveau, que vaut-elle ? quelle différence y avait-il entre la forme gouvernementale de la restauration et la vôtre ? Nous remarquons bien, dans la lettre des exécuteurs testamentaires une chose assez piquante : c'est qu'il y est plusieurs fois question de *la Constitution* de 1830 ; on n'y parle jamais de *la Charte*. Il faut pourtant rétablir les termes et les faits. On ne fit pas alors une Constitution ; l'on se contenta de gratter la Charte de 1814 dont on changea le préambule. Au lieu d'une Charte *octroyée*, nous eûmes une Charte *bâclée*, mais les bases étaient absolument les mêmes et le gouvernement constitutionnel de 1830 ne fut que la continuation de celui de 1814, avec un roi inviolable et sacré, des ministres responsables et deux chambres ; à cette différence près que le budget de la première était de moins d'un milliard, et que celui de la seconde s'éleva rapidement à seize cents millions.

Il faut enfin relever, pour en terminer sur ce

point, nous ne dirons pas un mensonge, mais nous ne pouvons pas dire une erreur de la déclaration de 1830. Nous y voyons que la chambre déclare *le trône vacant en fait et en droit*. Vraiment, on ne comprend pas une pareille audace lorsqu'on s'adresse à l'intelligence et au jugement d'une nation comme la nôtre ! Et d'abord, prenez donc garde que si l'on déclarait le trône vacant *en droit*, c'est qu'on avait la prétention de le régir *par le droit*. Que deviendrait alors votre fameux argument ? Cette étrange préoccupation attestait déjà les murmures de votre conscience monarchique. Mais après la double abdication du 2 août, le trône n'était pas du tout vacant, en droit. Louis-Philippe en savait bien quelque chose, lui que Charles X venait de nommer lieutenant-général du royaume, en le chargeant de proclamer à l'instant son petit fils Henri V. Où est donc ici la vacance de droit ? On comprend bien qu'on usurpe le fait; mais on ne comprendra jamais qu'on puisse usurper le droit. C'est là une abstraction hors des atteintes de toutes les convoitises. La ligne courbe n'est pas la ligne droite. Deux et deux ne font pas six. N'invoquez pas le droit quand il s'agit de *remplacer*, et la destruction de ce droit lorsqu'il s'agit de s'y conformer. Soyez, bel et bien, de francs usurpateurs, on comprend cela ; mais ne réclamez pas à la fois l'honneur de la *succession* et les bénéfices du *remplacement*. Ça devient indiscret.

Que chacun donc reste dans ses limites. Vous n'êtes pas un droit, vous êtes un fait subversif, qui devait, tôt ou tard, recevoir son châtiment.

Qu'est-ce qui a renversé la restauration ? sont-ce les ordonnances ? Pas du tout ; c'est là un enfantillage qui ne se répète plus. La restauration est tombée, tout simplement, en expiation de son origine. Ni plus, ni moins.

Et le trône de juillet, à quoi doit-il sa chute ? est-ce à la réforme ? détrompez-vous : prétextes que tout cela. Le fameux *il est trop tard !* a toujours voulu dire : vous nous avez fourni une occasion de vous mettre à la porte ; nous la saisissons et nous nous gardons de la laisser échapper. IL EST TROP TARD ! eh bien ! La royauté de 1830 avait en fait d'expiation, bien autre chose à faire que la restauration. Elle avait à expier sa double origine qui se bifurquait, à la fois, et dans l'invasion des Cosaques et dans sa double usurpation. Certes, nous ne renouvellerons pas ici la nauséabonde question du *quoique* et du *parce que*. Avez-vous régné quoique Bourbons ou parce que Bourbons ? dans l'un et l'autre cas vous êtes des usurpateurs ; usurpateurs au point de vue du droit monarchique, usurpateurs au point de vue du droit national. Quant au premier, vous avez brisé, dans votre intérêt, un ordre de succession qui fatiguait votre impatience et que les siècles avaient jusqu'à vous respecté. Vous n'êtes pas montés sur le trône, tranchons le mot : vous y avez sauté.

Quant au droit national, montrez-nous son cachet. Deux cent dix-neuf personnages, fort honorables sans doute, mais rompus aux conspirations de tribune et sachant par cœur leur comédie de quinze ans, ont déclaré un beau jour à la France ébahie qu'à l'exemple du médecin de Molière, ils venaient *de changer tout cela,* non en vertu de leur mandat, mais au contraire en le brisant et le foulant aux pieds. Nous savons bien ce qui s'est dit. Ce n'est pas vous qui avez attaqué le trône ; c'est le trône qui vous a violentés ! On vous a mis le pistolet sur la gorge en vous disant : Soyez roi ! et la victime a été couronnée...

Si cette dramatique histoire est vraie, vous n'aviez qu'un moyen d'obtenir l'amnistie de votre famille et la consécration de la France ; ce moyen, le 2 décembre vient de vous le dire : c'était l'appel au peuple ; c'était de rentrer dans la légalité après en être sorti.

Si vous dites que la France vous a sanctionnés en vous subissant, nous n'aurons qu'un mot à répondre : La France a subi Robespierre !...

Mais outre l'appel au peuple, il était encore une sorte de trait d'union qui pouvait vous mener loin, tout en respectant la légalité : c'était la régence. Vous aviez devant vous un long avenir de puissance illimitée ; qui sait ? Les événements que l'on peut au besoin soi-même préparer et mûrir, vous auraient favorisés, peut-être... Dans tous les cas, vous aviez là une solennelle occasion de vous grandir aux yeux des hommes, en demeurant fidèles, et 1830 pouvait racheter 93... Mais non. Le sang ne mentait pas... Le trône ! Voilà ce qu'il vous fallait. Les droits de l'innocence furent violés dans la journée du 7 août, comment auriez-vous pu inspirer le respect du malheur au 24 février ? *Accedit pœna pede claudo...* Le châtiment se fit attendre, mais vous avez subi la révolution du mépris. Sachez qu'en France on ne s'en relève plus !

Voulez-vous que je vous rappelle la terrible leçon que vous donna un homme illustre à plus d'un titre, l'une des plus hautes gloires de notre littérature contemporaine ? M. le vicomte de Chateaubriand, appelé, comme pair de France, à donner son vote au sujet de la déclaration des 219, dans un magnifique et admirable discours qui était alors un acte de courage chevaleresque et de glorieux dévoûment, fit entendre ces paroles mémorables que nous livrons à vos méditations : « Inutile Cas-
« sandre, j'ai assez fatigué le trône et la patrie de
« mes avertissements dédaignés ; il ne me reste

« qu'à m'asseoir sur les débris d'un naufrage
« que j'ai tant de fois prédit ; je reconnais au mal-
« heur toute sorte de puissance, *excepté celle de*
« *me délier de mes serments de fidélité...* Après
« tout ce que j'ai fait, dit et écrit pour les Bourbons,
« JE SERAIS LE DERNIER DES MISÉRABLES SI JE LES
« RENIAIS *au moment où pour la troisième et der-*
« *nière fois ils s'acheminent vers l'exil.* »

Il n'était pas leur cousin, cependant ; et si le chantre des Martyrs était un prince de l'intelligence, il ne fut pas, à coup sûr, un prince apanagé.....

Revenons à la défense des exécuteurs testamentaires. Dans l'œuvre que nous venons d'entreprendre, nous nous engageons à effeuiller une à une toutes les objections qui ont été produites, et nous ne craignons pas de dire que ce qui pouvait arriver de plus malheureux à la cause des princes, c'est d'avoir été si maladroitement défendue.

A l'époque de la donation, disent les défenseurs, Louis-Philippe N'ÉTAIT PAS ROI, il n'était, jusqu'à son acceptation de la couronne, *que simple prince français*. La donation est à la date du 7, l'accepta-

tion à la date du 9, donc il a donné non comme roi, mais comme simple Français. Cela est si vrai, ajoutent les défenseurs, que par une disposition du 2 mai 1832, il a été dit que la liste civile n'aurait son effet qu'à partir du 9 août, le duc d'Orléans ne se reconnaissant roi que le jour où il avait accepté la couronne et prêté serment à la *constitution*.

Loin de restreindre l'argument, nous lui avons, au contraire, donné plus d'étendue. Nous ne prétendons pas nous en faire un mérite, car cette objection n'est autre chose que la ruine irrévocable de tout le système de défense que l'on a infligé à la donation du 7 août.

Ne nous arrêtons pas à épiloguer sur la question de savoir si, en droit, Louis-Philippe était roi le jour de la déclaration de la Chambre, ou le jour de son acceptation. Ne disons pas que si cette déclaration devait être sanctionnée par sa volonté, l'acceptation, à son tour, ne pouvait avoir son effet, si la déclaration n'avait pas eu lieu. Très certainement, le décret n'a prévu cette objection de chicane, que parce qu'il devinait fort bien que la précaution du 7 août avait pour but de la préparer. Toutes ces misères de basoche sont indignes du débat qui s'agite, et pour donner sur ce point pleine satisfaction à nos terribles adversaires, nous reconnaissons, sans discussion, que la donation fût faite par le prince, et non par le roi. Nous irons même jusqu'à les remercier de nous avoir évité la peine de les vaincre, en se tuant tout seuls.

— Vous vous évertuez à prouver que Louis-Philippe fit la donation en qualité de simple prince français, et nullement en qualité de roi? vous reconnaissez donc, imprudents que vous êtes, l'influence fatale que son titre de roi devait forcément avoir sur la validité de la donation? Que vous importe, prince ou roi, s'il était vrai que l'ancien droit fût détruit? Au point de vue où vous vous êtes placés, il fallait, au contraire, que la donation se consommât en pleine royauté; elle n'en eût pas été plus valable; mais, pour vous, c'eût été conséquent. Vous prétendez que le fait révolutionnaire de 1830 avait renversé l'antique droit de la monarchie? A quoi bon tant de précautions? Pourquoi redouter ainsi toutes les conséquences de votre avénement? Vous avez donné comme prince? Vous vous efforcez de l'établir? Vous PENSIEZ DONC QUE VOUS NE POUVIEZ PAS DONNER COMME ROI, et votre empressement du 7 août prouve à lui seul que vous reconnaissiez le devoir, l'obligation qui allait résulter, DE PLEIN DROIT, de votre acceptation. Quelle défense ! ou, plutôt, quel aveuglement ! *Quos vult perdere Deus dementat...*

Prendre des précautions pour éluder un devoir, c'est reconnaître d'avance l'existence de ce devoir. Mais, croira-t-on qu'il fût permis aux princes de se soustraire à l'application d'une loi aussi antique, par cette banale et triviale précaution ? C'eût été vraiment trop facile, et nul n'y avait songé. Devant une pareille faculté, la loi monarchique eût été une lettre morte ; c'est bien le cas de le dire, car tous les rois auraient pu tenir ce langage à la couronne ; je ne demanderais pas mieux que de réunir tous mes biens aux vôtres ; mais, j'en suis bien fâché, par hasard ou par distraction, je les ai justement donnés hier à ma maîtresse ou à mes enfants!...

Un sophisme est une voûte sans clef qui tombe

pierre à pierre sur ses propres constructeurs. La fameuse lettre à laquelle nous répondons nous en donne de nombreux exemples.

L'on veut que Louis-Philippe ne fût que simple prince français à l'époque de la donation ? Il n'y avait donc pas encore un ordre de choses nouveau définitif, qui eût remplacé l'ancien ? Légalement, et de votre propre aveu, tant que le futur roi n'avait pas accepté la couronne, la rupture de la tradition n'était pas consacrée EN DROIT, c'est vous qui le dites, c'est vous qui le voulez ; et vous arrivez malgré vous à cette conséquence, que la donation que vous ne voulez pas régir par le droit nouveau, puisque vous dites que ce droit n'existait pas encore, doit être régie par le droit ancien, à moins de soutenir qu'elle ne doit être régie par aucun.

Ce n'est pas tout : qu'on veuille bien nous suivre. Nous avons prouvé, ou plutôt, les défenseurs eux-mêmes ont prouvé que Louis-Philippe ne se croyait pas le droit de donner comme roi ; eh bien ! ils vont nous prouver encore qu'il ne s'attribuait pas davantage le droit de donner comme prince.

Ils prétendent qu'*en l'absence même de toute donation*, le principe de la confusion des biens n'aurait pas pu être appliqué, et que, par le seul fait de la révolution, ce principe du vieux droit devenait lettre morte.

Nous avons vu que Louis-Philippe n'était pas tout-à-fait de cet avis, et que, pour sauver sa fortune, il crut indispensable d'en bâcler au plus vite une donation à ses enfants.

Certes, nous nous inclinons avec humilité devant la haute science, la profonde érudition de MM. les exécuteurs testamentaires, en tête desquels nous voyons figurer l'une des lumières de la magistrature, l'une des gloires du barreau français. Mais, en matière de droit monarchique, on nous excusera de nous en rapporter à la compétence, à la susceptibilité, à la préoccupation anxieuse du prince, si instruit d'ailleurs, qui était directement et immédiatement intéressé à la question. Eh bien ! la donation, quoique régulièrement consommée dans la forme, ne lui suffit pas. Les défenseurs pensent qu'elle était surabondante : Louis-Philippe, toujours importuné du souvenir de cet acte illégal, la jugeait insuffisante ; il pressentait le sort que l'avenir pouvait réserver à cette étrange innovation. Il n'était pas rassuré, en un mot, et il désirait ardemment que les grands pouvoirs de l'État vinssent l'environner de leur sanction.

On invoque l'article 22 de la loi du 2 mars 1832. Cet article dit que « *le roi conservera la propriété* « *des biens qui lui appartenaient avant son avé-* « *nement au trône.* »

Plus nous nous enfonçons dans ce dédale inextricable de précautions occultes et publiques, d'actes privés consommés dans l'ombre et d'actes officiels destinés à leur donner la vie, plus la cause des princes d'Orléans se complique et s'embarrasse dans ses propres difficultés. Voyez ! l'on commence par nous dire qu'en l'absence même de toute donation, le principe de la dévolution à l'État était déjà supprimé, abrogé de plein droit, pourquoi ? Parce qu'en violant le droit de succession, l'on s'était affranchi des entraves de l'ancienne loi ! n'importe ; Louis-Philippe procède à une donation cachée. Cela ne lui suffit pas. Lors de la présentation à la chambre de la loi sur la liste civile, le gouvernement demande expressément l'abrogation du vieux principe. La commission de la chambre s'y opposait formellement, car elle proposait un article ainsi conçu : « Les biens que le roi possède lors de « son avènement au trône sont dévolus à l'État. » La commission succomba, et la chambre sacrifia les intérêts de l'État aux intérêts de la dynastie nouvelle. L'article 22 fut voté. Mais pourquoi donc faire intervenir une loi solennelle, si la donation privée était légale ? ou elle avait été faite en vertu d'un droit préexistant, ou elle fut faite contre de droit. Dans le premier cas, elle n'avait pas besoin de sanction, dans le second elle ne pouvait pas en recevoir ; et dans tous les cas, la loi de 1832, intervenant dix-huit mois après la donation du 7 août, ne pouvait pas avoir d'effet rétroactif pour valider un acte nul, antérieurement consommé. Enfin si l'on avait besoin d'une loi spéciale qui vînt imprimer le cachet de la légalité, le sceau respectable du droit sur un acte fait en violation d'un principe,

de 800 ans, et dont de récentes lois avaient, au contraire, fait naguère une nouvelle application, l'on reconnaissait donc, cela ne se démontre pas, que l'acte en question avait violé le principe, puisque le principe n'était pas abrogé ; le législateur de 1832 reconnaissait implicitement qu'à l'époque où elle fut consommée, la donation du 7 août était radicalement nulle ?... Il n'est pas besoin d'une loi pour valider ce qui est légal, et toutes les lois du monde ne sauraient rétroagir pour légaliser une illégalité. Tant que la loi du 8 novembre 1814 n'était pas expressément abrogée par une autre loi, elle subsistait, et nul, pas même le roi, lui moins que personne, nul ne pouvait s'y soustraire. Eh bien ! l'article 20 de cette loi que nous avons déjà cité contient ces dispositions laconiques et impérieuses : « Les biens
« particuliers du prince qui parvient au trône sont,
« DE PLEIN DROIT et à l'instant même, réunis au do-
« maine de l'État, et l'effet de cette réunion est
« perpétuel et irrévocable. »

Cette loi n'était que la confirmation, la reproduction textuelle de celle de 1790, qui n'était elle-même que la sanction d'un principe immémorial, auquel on n'a trouvé d'autres reproches à faire que celui de son antiquité.

Comment donc, en présence de ces documents législatifs, les exécuteurs testamentaires peuvent-ils soutenir la validité d'un acte fait en violation de toutes les lois ! Comment surtout peuvent-ils avoir écrit l'énormité que voici :

« La loi du 2 mars 1832 a été *déclarative*
« d'un droit préexistant, comme l'eût été un ju-
« gement qui serait intervenu sur une prétention
« analogue du domaine de l'État. »

Préexistant à quoi ? est-ce à la donation ? Mais vous dites vous-mêmes que Louis-Philippe la consentit comme prince et non pas comme roi. Ce n'était donc pas, selon vous, sous un règne nouveau, ayant inauguré un droit nouveau, que la donation fut faite, puisque, de votre propre aveu, le règne ne date que du 9 août, et par conséquent n'existait pas encore. Voulez-vous dire que la loi de 1832 a été déclarative d'un droit préexistant à la loi elle-même?

Mais pourquoi une loi pour *déclarer* qu'un droit positif existe ? Le droit ne peut exister qu'en vertu de la loi ; surtout lorsque ce droit est déjà réglementé, défini et consacré par des lois positives antérieures. Mais si ces mêmes lois n'étaient pas abrogées, comment un droit quelconque aurait-il pu exister en violation de ces lois et en vertu de lois postérieures *non encore existantes ?* Où donc a-t-on pu voir enfin qu'une monarchie créée par des hommes sans mandat ou contre leur mandat, en violation d'un principe fondamental, ait dû, *ipso facto*, abroger des lois spéciales, œuvres des corps législatifs, sans faire intervenir les corps législatifs ? La loi de 1832 était déclarative du droit comme l'eût été un jugement ? erreur complète. La loi donne la vie au droit, le jugement ne fait qu'appliquer la loi. Un jugement peut intervenir cent fois sur une même question. Lorsque la loi a parlé, elle ne parle plus, si ce n'est pour détruire, annuler ce qu'elle avait déjà fait. Si vous nous disiez que la loi de 1832 a abrogé celle de 1814, nous vous comprendrions, mais lorsque vous dites que cette loi a été *déclarative* d'un droit *contraire* à toutes les lois existantes et non encore abrogées, c'est renverser toutes les notions du droit civil et du droit public, c'est proclamer une Hérésie.

Il ne vous reste plus sur ce point qu'un dernier retranchement; empressez-vous de vous y renfermer. Vous direz qu'après tout la loi de 1832 a virtuellement abrogé les lois précédentes, et que vous vous contentez des droits que cette loi vous a garantis. Or, elle a changé l'ancienne loi monarchique ; elle vous a rendus propriétaires définitifs de votre domaine, et vos biens particuliers fussent-ils, en droit, réunis à la couronne, que la donation soit nulle ou qu'elle ne le soit pas, la loi de 1832 vous les a rendus. A la bonne heure! cet argument est saisissable, il n'en sera que mieux étouffé.

Posons clairement les termes du débat : Louis-Philippe a donné tous ses biens en qualité de prince. Pour le besoin de votre cause, vous prétendez que son règne ne date que du 9 août, il avait donc le droit de disposer de sa fortune, et il n'en a, dites-vous, disposé, en effet, que *comme simple prince français*, c'est-à-dire comme simple particulier. Il n'a donc plus agi comme souverain, il aurait fait, dans ce cas, un acte de droit civil et nullement un acte de droit public. Si des tiers eussent été intéressés à réclamer, n'importe à quel titre, contre la donation, ils se seraient tout simplement adressés aux tribunaux.

Qu'arrive-t-il en 1832? La chambre des députés, considérée comme grand pouvoir de l'État, et dans le but évident de confirmer implicitement la donation du 7 août, déclare, art. 22, *que le roi conservera la propriété des biens qui lui appartenaient avant son avénement au trône*, de telle sorte qu'il faut admettre ici deux choses impossibles : que la chambre se constitua en simple tribunal pour *valider* l'acte *d'un simple citoyen;* et que, de plus, elle se constitua en corps législatif pour édicter une loi destinée à rétroagir jusqu'à l'époque de la donation. Sous quelque point de vue qu'on envisage cette loi, elle n'a pu avoir son effet que du jour de sa promulgation, mais elle n'a pu empêcher que les lois antérieures non abrogées aient régi jusqu'à elle tous les actes qui les ont suivies.

Il est incontestable, il est de la dernière évidence pour tout homme de justice et de bonne foi, que cette donation fut faite au mépris de toutes les lois, et pour éluder le devoir impérieux, la patriotique obligation qu'elles imposaient. Donc, à l'époque où elle fut consommée, elle était d'avance frappée de mort, paralysée dans son essence et dans ses effets par le vice radical dont elle était entachée : d'où la conséquence que cette donation, NULLE DE PLEIN DROIT, ne peut pas empêcher la dévolution des biens de Louis-Philippe au domaine de l'État.

Ne nous sera-t-il pas permis, d'ailleurs, de faire intervenir la question de bonne foi dans un débat où sont engagés de si graves intérêts? L'acte de donation auquel on veut attribuer un caractère privé, violait en même temps la grande loi monarchique et la loi civile, relative aux successions. Car elle était consentie au profit des enfants puînés *et à l'exclusion de l'aîné*, qui, selon le vieux droit qu'on prétendait avoir changé, était soigneusement

tenu en réserve et en perspective de la couronne.
Il est donc bien vrai que cette donation se fit, à la fois, en fraude du droit incontestable de la couronne, et en vue, pourtant, de cette couronne que la chambre du 7 août élevait déjà sur la tête du nouveau roi. Cela est si vrai, disons-nous, que le fils aîné du roi, contrairement aux lois civiles sur l'égalité des partages et sur la quotité disponible, était exclu de la succession paternelle, par cette seule raison, tirée de l'ancien droit, empruntée à la vieille tradition monarchique, que le fils aîné seul devait hériter de la royauté. Cela est si vrai, enfin, que si les princes puînés voulaient s'en tenir aujourd'hui à l'exécution rigoureuse de la donation, contre les prétentions du comte de Paris, celui-ci ne manquerait certainement pas d'invoquer, en sa faveur, la perte de la couronne qui était sa compensation, parce qu'elle fut le seul mobile de la donation du 7 août.

L'incorporation *de plein droit* des biens de Louis-Philippe au domaine de l'État étant une fois irrévocablement constatée, sachons quel a pu être l'effet de la loi de 1832 sur cette dévolution.

Nous étions déjà bien loin, à cette époque, du parlement d'Henri IV, qui fut appelé à juger une question identique, absolument semblable à celle qui nous occupe, et qui résista énergiquement, sur les conclusions conformes de son procureur général, à la volonté deux fois persistante du grand roi! Dans cette circonstance mémorable, déjà rapportée dans le cours de notre discussion, ce ne fut pas le parlement qui fit la volonté du monarque, mais ce fut le monarque qui fit la volonté du parlement. Le procureur général, lui-même, ne fut pas destitué! bien au contraire, le roi ne craignit pas de reconnaître son erreur et d'approuver les hautes raisons de justice que ce courageux magistrat avait opposées au caprice royal...

Autres temps, autres mœurs! La chambre de 1832 n'imita pas le parlement de 1591, elle n'hésita pas à sauvegarder les intérêts du prince au détriment des intérêts de l'État. Et malgré cette étrange innovation, malgré cette séparation de deux choses qui avaient été jusque-là confondues, malgré l'attribution que l'on faisait au roi de ses immenses domaines, on poussa la complaisance jusqu'à déclarer que la nation serait encore chargée *de la dotation ultérieure des fils puînés et des filles du roi,* si son modique domaine, si ses modestes biens privés *étaient insuffisants!* (Art. 21.) Voilà ce que fit une chambre que les défenseurs insinuent avoir été si hostile! ! !

Reste maintenant à examiner quel a pu être l'effet de la loi de 1832, non sur le passé qu'elle ne pouvait atteindre, mais sur l'avenir qu'elle prétendait enchaîner.

Si cette loi n'avait pas eu lieu, si elle n'avait pas attribué au roi la propriété de ses biens particuliers, *quid juris ?* Que serait devenue la donation ? quel eût été son sort après la révolution de 1848 ? Il n'y a pas de doute que le fils aîné du roi qui, en était exclu, ou ses héritiers, en eussent demandé la caducité ou la révocation, parce qu'elle les dépouillait, contrairement à la loi civile, et uniquement en vue d'un trône qui venait de s'abîmer à jamais.

Mais cette donation se trouve aujourd'hui en présence de la loi postérieure, intervenue pour la légitimer, et surtout pour la rendre irrévocable. Nous demandons aux exécuteurs testamentaires si cette loi doit conserver aujourd'hui tous ses effets, après les événements qui se sont accomplis ?

1° Le comte de Paris a perdu sa couronne (et pour longtemps...);

2° La donation confère toute la succession de Louis-Philippe à ses fils puînés, à l'exclusion de son fils aîné.

Si la donation tient, les héritiers du duc d'Orléans sont exclus de la succession, en vertu même de la donation. Ils sont exclus de la couronne, puisqu'il n'y a plus de royauté. Quels sont les *droits légaux* que leurs défenseurs entendent leur attribuer?... Nous attendons la réponse.

Si, par suite de l'accomplissement de la condition cachée qui présidait à la donation, cette dernière doit être révoquée, annulée (et probablement c'est la décision que l'on adoptera), que fera-t-on alors de la loi de 1832? il faudra donc l'annuler aussi? On se retrouvera en présence d'un acte privé, consommé en violation des lois de son époque, et redevenu illégal par la révocation de la loi postérieure qui l'aurait, dit-on, régularisée? Enfin, que l'on débrouille, si l'on peut, cet inextricable écheveau, ces fils embarrassés, croisés et entre-croisés sous nos pas par les exigences d'une cause qu'effraie la lumière, et qui ne supporte pas l'examen. Faut-il annuler la donation? La loi de 1832 n'a donc pas pu la valider, et la ruine de l'une amène la ruine de l'autre. Faut-il la maintenir? Mais si la révolution a supprimé la monarchie, les héritiers du fils aîné auront perdu à la fois la couronne et leurs droits successifs!... Qu'est-ce que l'on veut? qu'entend-on? comment veut-on sortir de ce cercle vicieux?

Allons plus loin, plaçons-nous sur le terrain des adversaires, et demandons-nous si la loi de 1832 a pu abroger, contre le droit de l'État, la loi de 1814 et la loi de 1790.

Nous laisserons de côté les considérations politiques et d'intérêt privé qui durent nécessairement influer sur la détermination de la chambre, lorsqu'elle satisfit si pleinement à toutes les exigences de la nouvelle dynastie. Cette digression nous conduirait trop loin et nous écarterait de notre sujet, bien qu'elle n'y soit pas tout-à-fait étrangère ; ce serait, d'ailleurs, le moyen de passionner le débat en y introduisant d'irritants souvenirs. Nous imiterons donc, à cet égard, la réserve du décret du 22 janvier, et nous nous contenterons d'indiquer, en passant, ces considérations pour mémoire, les livrant à la justice et à l'impartialité du lecteur.

Les lois anciennes, que l'on prétend même avoir été abrogées par la seule force du changement de dynastie, l'ont été surtout, dit-on, par la loi de 1832. Cela répond à tout. La chambre, par affection dynastique, par un excès de zèle, et pour créer un droit constitutionnel entièrement nouveau, démolit le vieil échafaudage des siècles, remplacé d'autorité par la nouvelle loi ?

Ici doivent finir les derniers efforts des défenseurs ; ici doivent expirer les derniers accents de leur voix en détresse...

Si la monarchie constitutionnelle de 1830, absolument semblable quant à la forme, sinon quant à l'origine, à la monarchie constitutionnelle de 1814, a pu, *ipso facto*, comme nous le disions plus haut, par le seul fait de son avénement, détruire la législation précédente et anéantir les droits que cette législation avait consacrés, *à fortiori*, l'avénement d'une république qui n'avait certes rien de commun avec la forme et les principes des monarchies passées, a-t-il dû, *ipso facto,* et DE PLEIN DROIT, supprimer, lacérer, disperser tous les éléments constitutifs du régime qu'elle a remplacé. Ah ! vous voulez porter la question sur le terrain du droit des batailles? Vous voulez obscurcir les notions ordinaires de la justice et de la légalité pour vous sauver à la faveur du brouillard? Vous disiez après votre victoire : Nous avons vaincu; honni soit le passé, respect à nous, mais mort à tout le reste... et, aujourd'hui, vous ne reconnaissez de puissance législative que la vôtre! Vos usages, vos mœurs, vos lois monarchiques, vos mesures, vos précautions, vos tortueuses allures, vos intérêts à double face, tout cela devra survivre à votre juste chute, servira de règle à tous les pouvoirs, même à la République, et de base immuable à toutes ses lois ! Non, non ; la République doit dire avec bien plus de raison que vous : *Vos lois de circonstance, vos décisions quasi-monarchiques ne peuvent plus s'appliquer à une ère nouvelle, à une constitution nouvelle, devant amener des conséquences nouvelles.* Le décret du 22 janvier a été déclaratif d'*un droit préexistant* à ce décret, et qui remonte à l'avénement de la République. Vous, monarchie bâtarde et sans principe, ni élective, ni héréditaire, vous avez pu briser les lois nationales qui nous régissaient depuis plus de huit cents ans ! *patere legem quam fecisti !* Subissez la loi de la guerre que vous avez invoquée, puisque, à votre tour, la France vous a vaincue. La loi de 1832 a détruit les lois de 1814 et de 1790 ? Le décret du 22 janvier détruit la loi de 1832 : œil pour œil, dent pour dent, c'est le droit des batailles, c'est vous qui le voulez. Si vous avez pu supprimer la loi de 1814, nous avons pu supprimer la loi de 1832. Si vous ne l'avez pas pu, les anciennes lois subsistaient, et vous avez dû les subir. C'est l'un ou c'est l'autre ; nous vous donnons le choix.

Et remarquez que si cette argumentation vous paraît un sophisme, c'est qu'elle reçoit le reflet de la vôtre ; c'est que nous nous plaçons sous tous vos points de vue et que nous vous suivons dans tous vos détours. Mais si nous voulons nous placer, les uns et les autres, dans les régions immuables de la justice et de la loyauté, nous reconnaîtrons tous que vous fûtes régis à votre avénement par le droit monarchique ; puisque vous conserviez la monarchie, et que dès lors les biens particuliers du nouveau roi durent se réunir, IRRÉVOCABLEMENT ET DE PLEIN DROIT, au domaine de l'État.

Écoutons encore les défenseurs des princes d'Orléans et nous allons marcher de surprise en surprise, car ils vont demander, à la révolution même qui les a expulsés du territoire, des armes pour la combattre et pour la renverser.

« La révolution de 1848 est survenue, qui au-
« rait suffi à elle seule pour détruire les effets de
« ce *prétendu* retour au domaine de l'État, alors
« même (ce qui n'est pas) qu'il aurait eu lieu en
« 1830. Car si le droit des anciens temps voulait
« que le prince, devenant roi, apportât à l'État sa
« fortune personnelle, c'était apparemment sous
« la condition qu'il conserverait la couronne. »

Nous le dirons, certes, sans précaution oratoire et sans ménagements : il n'y a que des hommes de parti incorrigibles et irréconciliables qui puissent tenir un pareil langage. Il faut avoir le vertige de la passion, il faut être inspiré par le désespoir d'une cause, à tout jamais perdue, pour se découvrir ainsi et produire au grand jour, livrer à la lumière le mobile secret et peu patriotique de toutes ses actions. Oui, sans doute; il est vrai que nos anciens rois ne paraissaient pas se douter qu'il dût y avoir un jour des révolutions; le prince et la couronne, la couronne et la nation se sentaient étroitement unis par un lien commun, que l'on croyait indissoluble et qui ne laissait pas même supposer le divorce. Mais de sanglantes catastrophes et de lâches trahisons vinrent mettre un terme à cette antique sécurité. L'un des ancêtres de la famille d'Orléans se prit à croire un jour qu'un roi découronné devait perdre encore plus que sa fortune ! Aujourd'hui ce n'est plus cela. Les descendants de Philippe-Égalité ont changé à leur profit, non pas seulement le vieux droit monarchique, mais encore et surtout la tradition révolutionnaire. Les rois légitimes perdaient autrefois leur fortune et leur vie, maintenant les rois usurpateurs se posent en victimes lorsqu'ils ont conservé l'une et l'autre ! Nous connaissons pourtant le rôle fatal que les apanages d'Orléans ont joué dans la tragédie lamentable du 21 janvier; nous savons, à n'en plus douter, que c'est cette colossale fortune, concédée et transmise *pour prix de renonciation et de fidélité*, qui laboura le sol révolutionnaire de 92 pour y semer le grain de l'usurpation future et y planter plus profondément l'échafaud du plus vertueux des rois !

Quels souvenirs ! quels funèbres rapprochements ! Et l'on veut aujourd'hui juger d'aussi terribles questions comme on jugerait des questions soporifiques de procédure et de murs mitoyens? L'on fait, au sujet de ses augustes clients, d'anodines interprétations de droit civil; et à propos de révolutions, d'assassinats politiques et de renversements, des exceptions d'audience, des hypothèses de coin du feu ?

Mais n'oubliez donc pas, puisqu'il faut vous le répéter, que vous ne pouvez plus invoquer *le droit des anciens temps,* comme auraient pu le faire, peut-être, ceux que vous avez détrônés, parce que, ce droit, vous vous vantez de l'avoir brisé. N'oubliez pas que vous avez deux fois dépouillé vos maîtres; que la révolution, c'est vous; que 93, c'est vous; que 1830, c'est vous. Comment : un Louis XVI aura versé son sang sur la place de la Révolution, un Charles X aura perdu son trône, un Henri V aura perdu sa patrie, une grande, noble, antique et vraiment auguste famille aura épuisé la coupe des douleurs, étonné le monde de ses immenses infortunes, tout cela pour vous, par vous, à cause de vous, toujours vous; et lorsque, à votre tour, vous perdez la partie que vous avez vous-mêmes engagée, il vous sera permis de retirer votre enjeu et de vous écrier : *mettons que nous n'ayons rien dit?...* Non, vous ne pouvez pas ainsi conserver, à la fois, les grands avantages de la royauté qui vous a nourris, réchauffés dans son sein pendant deux siècles, et les bénéfices des révolutions que vous avez faites et qui vous ont vaincus. Vous ne pouvez pas vous servir, tour-à-tour, de la révolution contre la royauté, et de la royauté contre la révolution. C'est la partie que vous avez jouée, que vous affectionnez, que vous voudriez jouer encore; mais en vérité renoncez-y; la France voit dans vos cartes; et ceux qui vous conseillent sont *finis*.

Revenons à l'objection, car nous ne l'avons pas encore mise à nu, et il faut enfin que l'on sache ce qu'il y a sous ces draperies fantastiques, dont la défense s'est enveloppée. Loin d'appeler à notre aide les ressources de l'équivoque et de l'abstraction, nous nous efforçons de mettre notre langage à la portée des intelligences les plus rebelles aux notions du droit politique et du droit public. Nous l'avons déjà dit, nous ne cherchons que la lumière, et nous l'apportons à tous ceux qui ne sont pas aveugles, car la justice n'est pas un mystère, et la raison brille pour tout le monde, lorsqu'elle n'est pas obscurcie par les nuages de l'intérêt.

Répétons : « *Si le droit des anciens temps, avez-vous dit, voulait que le prince, devenant roi, apportât à l'État sa fortune personnelle, c'était apparemment sous la condition qu'il conserverait la couronne.* »

Lorsque nos anciens rois montaient sur le trône PAR DROIT DE SUCCESSION, ils ne songeaient jamais à se poser cette question personnelle ; serons-nous détrônés, ou ne le serons-nous pas ? Il n'appartenait qu'à une illégitime dynastie de redouter, pour elle, la loi du talion. Elle s'était imposée sans consulter le peuple ; le peuple pouvait la renverser sans la consulter. De là, les arrière-pensées égoïstes, de là, l'oubli des vieux principes monarchiques sur le rapport des biens du prince à la couronne ; de là, enfin, la donation du 7 août. Maintenant, nous sommes fixés ; nous savons que l'une des raisons, ou pour mieux dire, la raison déterminante de cette donation a été celle-ci : « *nous pourrions bien être détrônés.* » Au point de vue de la prudence, cette mesure fut ingénieuse ; mais au point de vue du droit, de la justice et de la loyauté, nous nous abstenons de la qualifier. Pressons l'argument des adversaires, et tirons-en toutes les conséquences.

Quand on fait une hypothèse, il ne faut pas la laisser en chemin ; il faut la compléter. Dire qu'on ne rapportait à la couronne *qu'à la condition* de conserver la couronne, c'est supposer un pacte où l'on ne fait intervenir qu'une partie. Mais l'autre, où donc est-elle ? que fait-on du peuple, lui qui dispense les couronnes et crée les dynasties ? Pour admettre cette *condition,* il faut supposer d'abord qu'elle a été faite, et puis que le peuple l'a acceptée. Mais l'hypothèse est inadmissible, car elle suppose une clause dont nous ne voyons de trace nulle part, et qui aurait eu pour but de sauvegarder exclusivement les intérêts princiers, sans se préoccuper le moins du monde des intérêts nationaux. On remonte, par la pensée, à l'origine des choses, on imagine une condition impossible, mais indispensable à la cause désespérée que l'on soutient ; dans cette situation que nous n'avons pas faite, il est nécessaire de consulter les intentions des parties. Nous poserons une question : Dans quel intérêt s'instituaient les dynasties? Dans l'intérêt des peuples, ou dans celui des rois? Nous ne savons ce qu'en pensent les défenseurs de la maison d'Orléans, mais, à tout risque, nous nous prononcerons pour les peuples.

Si le territoire d'une nation doit être considéré comme une vaste ferme, comme une bonne et grasse métairie dont tous les citoyens ne sont que les bestiaux, l'on comprendra fort bien que le pacte primitif qui liait les peuples et les rois ne fût pas synallagmatique, c'est-à-dire qu'il ne créât que des charges pour les premiers, et des avantages pour les seconds. Mais, Dieu merci ! nul n'a jamais eu l'audace de prononcer hautement un pareil blasphème, bien que nous en connaissions plus d'un qui pratiquent, à cet égard, le système si connu des restrictions mentales.

Mais aujourd'hui cette proposition est restée à l'état d'axiôme : Tout pour le peuple et par le peuple. Quant au passé, ce que l'on peut dire de plus juste et de plus admissible, c'est que le peuple était assimilé à une grande famille de mineurs sous la tutelle de la monarchie. Dans tous les cas, en justice et en droit, l'intérêt national passait avant tous les autres, ou tout au moins, était censé les absorber et les dominer.

Ce point une fois établi, nous arriverons facilement à cette conséquence, que les royautés ayant été instituées dans l'intérêt des peuples, les grands priviléges, les grandes fortunes, les gros apanages, les grasses dotations, tout cet appareil formidable de puissance dont la royauté fut environnée ne fut créé, institué pour elle qu'au point de vue du prestige et de l'imposant éclat qui lui était nécessaire, indispensable pour inspirer le respect, soit aux sujets de la monarchie, soit aux nations rivales.

Eh bien ! dans un pareil état de choses qui est logique, rationnel, incontestable, demandons-nous si le peuple a pu entendre laisser à une dynastie expulsée, détrônée, tous les avantages, tous les priviléges, toute la puissance qu'il ne lui avait concédés que comme dynastie régnante, et tutrice de ses propres intérêts ? Les biens du roi, dit-on, ne devaient *apparemment* se réunir au domaine de l'État qu'à la condition qu'il conserverait la couronne ? Mais, voyez dans quel dédale de contradictions vous tombez vous-mêmes ! Vous supposez l'existence antérieure de cette condition, pourquoi donc l'avez-vous violée les premiers ?... pourquoi, dès lors, êtes-vous montés sur le trône ? si vous ne deviez rapporter vos biens qu'à la condition de conserver la couronne, vous ne deviez vous emparer de la couronne qu'à la condition de rapporter vos biens ? Vous supposez un pacte, un contrat conditionnel, et ce contrat, vous le brisez les premiers contre la nation avant même de savoir si la nation le brisera contre vous ? Mais quel vertige vous égare pour fournir ainsi des armes contre vous-mêmes. Probablement celui qui vous égarait en 1830, lorsqu'il vous fit violer toutes les lois ! Nous nous rappelons l'impression fatale, universelle, que produisit la donation lorsqu'elle fut connue, car autant que possible vous la tîntes secrète ; et sans cette mesure de méfiance et de cupidité, qui sait ?... peut-être encore, seriez-vous rois ?

Voilà donc ce que l'on veut, ce que l'on demande à la France : Une famille qui devait à la branche régnante et à l'antique loi monarchique toute sa puissance, toutes ses immenses richesses, une famille dans laquelle s'étaient transmis et perpétués de grands et magnifiques apanages, pour qu'elle fût en quelque sorte dorée d'un rayon du soleil royal, cette famille enfin qui devait tout son éclat princier à la loi du sang et au droit séculaire de la monarchie, n'était pas satisfaite ; il lui fallait plus, et rien ne lui paraissait hors des atteintes de son ambition. Son ambition triompha... par quels moyens ? Dieu et l'histoire le savent ! Eh bien ! lorsque la France, plus indulgente pour elle qu'elle ne le fut jadis elle-même pour d'autres !!! lorsque la France fatiguée s'est enfin contentée de lui montrer la frontière du geste, cette famille, encore aveuglée par le mirage de sa royauté à jamais perdue, trompée par les illusions, nous ne voulons pas dire les intrigues d'un parti obstiné, intéressé à perpétuer nos discordes, savez-vous ce qu'elle demande ? savez-vous ce qu'elle veut ? Elle veut que la république lui laisse les apanages qu'elle tenait de la monarchie ! elle veut que la république lui laisse une vaste fortune apanagère dont elle tenait l'usufruit de la monarchie, et en vue de la monarchie ;

Elle veut que l'État se dépouille, en sa faveur, de ses droits immuables, et pourquoi ? Pour solder, à l'étranger, les conspirations des princes détrônés, et, à l'intérieur, la tactique des habiles et les manœuvres des mécontents. Elle veut que la France paie, de ses propres deniers, le fléau de ses guerres civiles, et mette, entre les mains d'une dynastie déchue, la hache qui doit lui servir à briser les portes de l'exil... Elle veut que la France républicaine apanage la révolution monarchique, et ouvre un crédit de trois cents millions à toutes les royautés qu'elle remercie ! Oui, certes, à toutes, car le principe une fois consacré, Dieu seul peut savoir où il s'arrêtera ! Veut-on que nous en signalions les conséquences ? Supposons, un instant, la restauration de la branche aînée. Supposons que cette branche produise des rejetons plus ou moins nombreux. Quelles que soient les mœurs nationales, il faut qu'une pléiade de princes soit convenablement apanagée, parce qu'il faut qu'une famille royale s'environne du prestige de la puissance et de la splendeur. Arrive une révolution, l'on nous accordera que l'hypothèse n'est pas exorbitante, *surtout si la fusion avait lieu.* Les apanages des princes devront les suivre dans leur nouvel exil; et la France sera, de nouveau, appauvrie, sous prétexte qu'il faut donner, à une royauté sans sceptre et sans couronne, les moyens de *tenir son rang* À L'ÉTRANGER. Supposons l'avénement d'une autre dynastie, en un mot, parcourons le cercle des événements possibles; si les princes apanagés que le torrent politique peut emporter au loin, doivent aussi emporter, avec eux, les mêmes droits et les mêmes ressources, s'il doit leur être permis de réclamer, exilés et déchus, les biens considérables, les vastes apanages qui leur étaient concédés pour servir de brillant cortége à un trône qui n'est plus, il en résultera que, dans l'espace de deux cents ans, toutes les ressources financières et immobilières de la France auront passé à l'étranger, sous forme d'apanages et de domaines privés !!!

En parlant de la sorte, nous n'exagérons rien. Nous irons même plus loin, et nous ne craignons pas d'affirmer que si un pareil système pouvait être admis, tous les princes apanagés sous une monarchie quelconque seraient infiniment plus intéressés à son renversement qu'à son maintien, ou même à sa restauration. Car, toute révolution aurait, pour eux, cet étrange résultat qu'elle les rendrait PROPRIÉTAIRES DÉFINITIFS des biens dont ils ne sont, sous la monarchie, que simples USUFRUITIERS ! Cela nous explique la résistance invincible que certains membres de la famille d'Orléans opposent à l'accomplissement d'une attendrissante fusion, dont la seule pensée est une atteinte au patriotisme et à la morale publique.

Oui, nous le répétons, la maison d'Orléans se prétend aujourd'hui propriétaire de richesses qui ne lui appartiennent pas, qui lui furent concédées en jouissance par la monarchie, en tant que monarchie, mais dont une révolution démocratique a essentiellement détruit le caractère et la destination. Elle revendique sur toutes ces concessions un droit acquis, sacré, inattaquable; elle semble s'abriter sous le rempart de la prescription, moyen d'acquérir, dont nos lois l'ont même désarmée, car, d'un côté, l'institution des apanages les rend imprescriptibles, et de l'autre, la loi civile défend de prescrire la propriété de ce qu'on ne possède qu'à titre d'usufruit. Veut-on une preuve incontestable que la famille d'Orléans, depuis longues années, a changé, de sa seule autorité, la nature de son titre : demandons-lui un instant ce qu'elle a fait des biens du duc de Penthièvre? Sachons ce qu'étaient ces biens, quelle était leur source, leur destination, et nous allons voir que déjà Philippe-Égalité transmit à ses descendants une grosse fortune qui appartenait de plein droit à l'État.

## Les apanages que la maison d'Orléans tient du duc de Penthièvre sont indûment tombés en quenouille.

Louis-Philippe-Joseph, duc d'Orléans qui, pour s'ouvrir les portes de la Convention, accepta de la Commune de Paris le surnom de Philippe-*Égalité*, épousa, le 5 avril 1769, Louise-Marie-Adélaïde de Bourbon Penthièvre, fille et unique héritière du duc de Penthièvre, par la mort du prince de Lamballe, son frère (ce dernier, par parenthèse, fut l'époux de cette infortunée princesse de Lamballe, dont quelques tigres à face humaine promenèrent la tête au bout d'une pique ensanglantée).

Louis-Jean-Marie de Bourbon, duc de Penthièvre, beau-père de Philippe-Égalité, était lui-même fils unique du comte de Toulouse, et de Marie-Victoire-Sophie de Noailles, marquise de Gondrin.

Enfin, Louis-Alexandre de Bourbon, comte de Toulouse, était le troisième fils légitimé de Louis XIV et de Mme de Montespan.

L'on voit par la courte généalogie qui précède, que la fortune apanagère du comte de Toulouse appartenait de droit au prince de Lamballe, son petit-fils ; mais comme la mort de ce dernier amena l'extinction de la ligne masculine, en vertu de la loi fondamentale qui régissait les apanages, tous les biens dont le prince de Lamballe avait hérité du duc de Penthièvre, qui les tenait du comte de Toulouse, devaient nécessairement retourner à leur source première, c'est-à-dire à la couronne, *à défaut d'hoirs mâles.*

Quelle était l'importance de cette fortune ? Nous n'avons pas à rechercher les titres primitifs qui la constituaient ; il nous suffit de savoir ce que nous dit l'histoire ; La fortune du duc de Penthièvre était très considérable, et nous le croyons sans peine, car nous savons que lorsque les monarques apanageaient leurs frères ou leurs puînés, ils n'y allaient pas de main morte.

Eh bien ! l'antique loi de saint Louis, conservée, respectée par tous ses successeurs, fut violée dans cette circonstance. La fille du duc de Penthièvre hérita seule de toutes ses richesses qui ont passé à la maison d'Orléans par le mariage de Philippe-Egalité avec la petite-fille du comte de Toulouse.

Mais, nous le répétons, les apanages ne se prescrivent pas, et l'Etat n'a pas un seul instant perdu ses droits sur cette portion du domaine que Louis XIV en avait distrait en faveur de son fils légitimé. Ce n'est plus maintenant qu'une affaire de liquidation entre l'Etat et les princes d'Orléans. Une chose est désormais hors de doute et de contestation, c'est que les droits qui leur ont été attribués du chef de leur aïeule Penthièvre se sont éteints dans la personne du prince de Lamballe, et que leur transmission illégale aux descendants de la ligne féminine les a indûment fait tomber en quenouille.

### Indignité de la branche cadette.

Nous avons hâte de terminer ce trop rapide travail, et à peine en écrivons-nous la dernière page, que tout ce qui précède est déjà sous presse. Mais pendant que nous fixons ici le résultat de nos consciencieuses méditations, nous apprenons que la *Gazette de France* publie une série d'articles, plus remarquables les uns que les autres sur ce qui fait l'objet de notre titre : *Indignité de la branche cadette.* Nous nous sommes convaincu en lisant quelques-uns de ces articles, qu'il est impossible de traiter un pareil sujet, après le redoutable publiciste de la *Gazette de France*. Tout cela est écrit avec une plume de fer trempée dans le bronze en fusion ; c'est un acte d'accusation foudroyant dont tous les chefs sont empruntés à l'histoire et discutés au nom de la pudeur publique devant le grand jury national... En pareille matière aujourd'hui tout est dit; on ne s'évertue pas à démolir un édifice écrasé par l'avalanche.

Nous n'hésitons donc pas à sacrifier nos faibles appréciations à l'impression générale et encore palpitante produite par M. de Lourdoueix. Nous prendrons dans sa publication un passage, pris au hasard, qui résume à lui seul toute notre pensée :

« Le crime du 21 janvier fut à la fois un régi-
« cide et un suicide, car le régicide, commis par un
« prince placé dans l'éventualité de la succession à
« la couronne, détruisait pour lui le bénéfice de
« cette éventualité, en vertu de cet axiôme de la
« justice universelle : ON NE PEUT HÉRITER DE CEUX
« QU'ON ASSASSINE.... » Oui, nous dirons ici ce que nous n'avons pas cessé de proclamer tout haut : S'il y a une morale au monde, s'il y a une conscience publique, s'il y a une justice sur la terre et dans le ciel, il n'y a pas d'événement ou de combinaison, il n'y a pas d'extinction masculine ou de transaction subreptice qui puisse rendre la famille d'Orléans *successible*. Ses défenseurs nous l'ont dit en son nom : Elle a brisé l'antique loi de la monarchie, elle a fait 93, elle a fait 1830. en un mot elle

7

dédaigne la *succession* et ne pratique que le *remplacement*. Elle a tué Louis XVI, elle a détrôné Charles X, elle a dépouillé Henri V, elle a voulu déshonorer la duchesse de Berry, elle a voulu *flétrir* les courtisans du malheur pour rehausser l'éclat des courtisans de l'apostasie ! Elle a déifié la corruption, démoralisé les plus nobles instincts de la France, morale, patriotisme, vertu !!! Que n'a-t-elle pas fait !!! Il était même réservé à son parti de donner de nos jours l'immense scandale de cette grande intrigue appelée : la *fusion !* La fusion, non certes dans l'intérêt de ceux qu'elle a constamment dépouillés, mais encore et toujours dans le sien ! Non certes pour faire amende honorable, expier le passé, purifier l'avenir, non pour faire acte d'hommage, de dévoûment et de fidélité, mais pour accréditer des bruits D'ABDICATION (l'idée fixe !) en faveur du comte de Paris ! En vérité cela tourne à la monomanie, et l'hilarité finit par succéder à l'indignation.

Mais comme nous nous sommes fait un devoir de traiter spécialement notre sujet au point de vue du droit, nous ne pouvons passer sous silence les termes formels du titre primitif qui fut la source des richesses et de la puissance des princes d'Orléans. Ce titre est de la plus haute importance, en ce qu'il nous apprend quelles furent les conditions qu'il imposait. C'était un contrat bilatéral que Louis XIV et ses successeurs exécutèrent largement pour leur compte, mais que la maison d'Orléans a depuis longtemps violé pour le sien.

« Du mois de mars 1661. — Louis par la grâce
« de Dieu, etc... La Providence nous ayant élevé à
« la dignité royale, dont la grandeur estant entière-
« ment dépendante de la sienne, y doit aussi avoir
« quelque rapport et ressemblance, elle a voulu que
« nous imitions en quelque façon le soin qu'elle a de
« toutes ses créatures par les sentiments que nous
« avons à l'endroit de nos sujets, et particulièrement
« à l'avantage de ceux qu'elle a distingués des autres
« par la grande et illustre naissance qu'elle leur a
« donnée en les faisant sortir des tiges de rois, *aux-*
« *quels bien qu'ils soient soumis*, ils ont pourtant
« l'avantage de n'être pas inférieurs en la gloire de

« leur origine. Cette sagesse infinie veut aussi QUE
« CETTE SOUMISSION DES FRÈRES DES ROIS SOIT RÉCOM-
« PENSÉE PAR L'AFFECTION ET LA TENDRESSE DE LEURS
« AINÉS. »

« Suivant donc ce juste et doux sentiment de la
« nature et voulant satisfaire aux obligations que
« Dieu nous a imposées... notre très cher et très amé
« frère unique PHILIPPE, fils de France, qui, en
« toutes les rencontres, nous a témoigné son affec-
« tion et fait voir qu'il ne manque d'aucun des talents
« dont il est à désirer que les grands princes soient
« pourvus, et en qui l'on découvre tant de semences
« de vertus, qu'il serait difficile de juger laquelle
« prédominera sur les autres (*quantum mutantur*);
« en sorte que nous en concevons de très grandes
« espérances, et que nous pouvons, dès à présent,
« PRENDRE UNE ENTIÈRE CONFIANCE EN LUI, nous avons
« résolu de lui donner un apanage dont LA GRANDEUR
« ET L'ESTENDUE SOIENT PLUS CONFORMES A NOTRE AF-
« FECTION QU'AUX EXEMPLES DE CE QUI S'EST PRATI-
« QUÉ PAR LES ROIS NOS PRÉDÉCESSEURS, EN PA-
« REILLES RENCONTRES. . . . . . . .

« Pour ces causes et autres bonnes considéra-
« tions, etc., etc., nous avons DONNÉ, OCTROYÉ ET
« DÉLAISSÉ à notre dit frère unique et à ses enfants
« mâles, pour leur apanage ET ENTRETÈNEMENT, se-
« lon la même nature des apanages de la maison de
« France ET LA LOI DE NOTRE ROYAUME, les duchés
« d'Orléans, Valois, Chartres, Montargis, etc.. .

. . . . . . . . . . . . .

« MOYENNANT LEQUEL PRÉSENT APANAGE,
« qui a été agréablement pris, accepté et reçu, par
« notre dit frère... en présence des princes et autres
« grands et plus notables personnages de notre con-
« seil, « NOTRE DIT FRÈRE A RENONCÉ ET
« RENONCE, AU PROFIT DE NOUS ET NOS
« SUCCESSEURS, A NOTRE COURONNE, à tout
« droit, nom, action et portion que notre dit frère
« pourroit, doresnavant et A L'AVENIR, préten-
« dre, etc. »

Nous trouvons encore les passages suivants dans
l'édit du 24 avril 1672 :

« Désirant, en toutes rencontres, donner à notre
« dit frère des marques de notre affection, nous lui

« avons, par ces présentes, accordé, POUR SUPPLÉ-
« MENT D'APANAGE, les duchés de Némour, comtés
« de Dourdan et Romorantin, marquisat de Coucy
« et Folembray, etc., etc. »

Dans une autre ordonnance, à la même date, Louis XIV accorde à son frère *le droit de nommer aux abbayes, prieurés et autres bénéfices consistoriaux... pour lui donner,* dit le monarque, *de nouvelles marques de la confiance que nous avons en sa conduite.*

Nous ne pouvons pas transcrire ici tous les édits ultérieurs qui, en accordant à cette famille, des suppléments et resuppléments d'apanages, comblèrent la mesure des largesses imprudentes que la munificence et la bonté des rois de France prodigua successivement aux princes d'Orléans. Nous avons seulement voulu prouver, pièces en main, que le titre primordial constitutif de leurs apanages était purement et simplement un contrat synallagmatique ; nous avons voulu prouver que la concession faite par Louis XIV renfermait la condition expresse de la RENONCIATION et de la FIDÉLITÉ. Eh bien ! n'est-il pas évident que les descendants de Philippe, fils de France et frère de Louis XIV, qui ont *agréablement pris, accepté* et *reçu* son héritage, pour nous servir des termes de l'ordonnance, n'ont pu le prendre et l'accepter qu'aux mêmes conditions? Le contrat de 1661 et la loi monarchique engageaient la descendance de Philippe comme Philippe lui-même, et s'ils ont accepté tous les avantages qu'il leur a transmis, ils ont dû, par la même raison, subir la condition *sine quâ non* expressément formulée dans le contrat. Comment l'ont-ils accomplie? Nul ne l'ignore, et leur cause, déjà condamnée par la conscience humaine, est encore formellement et impérativement condamnée par la loi. ILS DEMANDENT DES JUGES, pourtant, et ne voulant pas être jugés par le vieux droit public qu'ils se vantent d'avoir anéanti, ils veulent, de préférence, être jugés par le Code civil? Mais pour triompher devant des magistrats, il faudrait qu'ils en déchirent toutes les pages. *La condition résolutoire n'est-elle pas toujours sous-entendue dans les contrats synallagmatiques pour le cas où l'une* des parties ne satisfait pas à ses engagements (art. 1184, Code civ.)? N'est-il pas déclaré indigne de succéder celui qui est condamné pour avoir donné la mort à son parent (*ibid.*, 747), et l'inflexible histoire n'a-t-elle pas prononcé son arrêt?

On fait appel en faveur de la famille d'Orléans à des sentiments que nul ne condamne, et cet appel trouve toujours de l'écho dans tous les nobles cœurs. Mais malheureusement pour elle on épuise aussi toutes les licences de la colère la plus mal inspirée. L'acte du 22 janvier est une spoliation, et ceux qui le défendent ne sont que des pamphlétaires ! Si nous faisons du pamphlet en faisant de l'histoire, de la morale, du droit politique, du droit public et du droit civil, que font donc ceux qui ne savent défendre leur cause, que l'injure à la bouche et l'éteignoir à la main? Ils demandent des juges, et ils commencent par insulter leurs adversaires? Un document authentique froidement exposé aux regards du public provoque leurs sarcasmes, soulève leur fureur ! Ils épanchent dans des journaux exotiques, non pas des discussions sérieuses, des

répliques directes, des invocations loyales au droit et à la raison ; mais à profusion, les termes de dédain, les appréciations brutales, l'affectation du mépris, tristes ressources de ceux qui n'en ont plus... Il est, nous le savons, de ces situations qui commandent l'indulgence, et nous l'appelons nous-mêmes sur ces hommes aveugles qui prennent la stupeur de leur parti en détresse pour l'attitude expressive du pays indigné : pardonnons-leur... Mais qu'ils n'oublient pas, du moins, que les propos injurieux sont la raison des impuissants....

## La démission de M. Dupin.

Nous n'avons nullement l'intention d'apporter ici un blâme à l'acte, honorable en soi, par lequel le savant conseil de la maison d'Orléans a cru devoir répondre au décret du 22 janvier. Nous trouvons cependant les termes de sa démission trop contradictoires avec sa conduite, pour que nous négligions de lui restituer son véritable caractère.

M. Dupin a donné sa démission, dit-il, parce qu'il considère ce décret comme une atteinte profonde au principe de la propriété, parce que lui, magistrat, dont le devoir est de veiller à l'observation des lois, ne peut, par son silence, approuver leur violation. Tel est, en résumé, le motif apparent de la retraite à laquelle vient de se condamner l'ancien procureur général de la cour suprême.

Nous allons prouver en deux mots que l'homme de parti, seul, s'est montré dans cette circonstance, et qu'il a complétement effacé, absorbé le magistrat.

Avant que M. Dupin eût manifesté une susceptibilité de cette nature, deux fois déjà le chef du pouvoir avait opposé au despotisme légal d'une situation intolérable le despotisme supérieur du salut public : *Salus populi suprema lex*... Au 2 décembre, la Constitution fut ouvertement violée, sous réserve de l'appel au peuple. Que fit alors M. Dupin? Donna-t-il sa démission de procureur général? Non. Et cependant les droits de l'Assemblée nationale avaient subi une atteinte mortelle, surtout dans sa personne, puisqu'il en était le président. Il a, dit-il, protesté comme il le devait : non pas. Au point de vue où il se place aujourd'hui, il devait donner sa démission tout de suite, car alors, comme au 22 janvier, il était magistrat, organe de la loi, et comme tel, la banale protestation qu'il invoque ne devait pas lui suffir. Sans doute, comme il nous l'apprend, il voulait attendre le résultat de l'appel au peuple. Mais cette patience, en vérité, lui faisait une situation trop commode. Si le peuple eût refusé cette ratification inouïe dans les annales politiques de la France, le procureur général était sauvé, car il avait protesté. Si le peuple sanctionnait le coup d'Etat, le procureur général était encore sauvé, car il se rangeait à l'avis du peuple... M. Dupin ne fut donc pas, à cette époque, tellement dominé par la loi, qu'il ne pût entrevoir l'espoir d'un accommodement, la possibilité d'une transaction avec lui-même...... Plus tard, lorsque de hautes considérations politiques firent adopter la mesure de l'expulsion provisoire de quelques chefs de parti, c'était encore là une atteinte à la liberté individuelle. Pourquoi donc M. Dupin n'a-t-il pas aussi demandé des juges en faveur de ses collègues emprisonnés ou expulsés? Non ; M. Dupin ne parle, n'agit, ne se plaint, ne se retire que lorsque les princes d'Orléans sont frappés à leur tour. Il a fait preuve, en cela, d'une louable reconnaissance, mais sa démission appréciée de la sorte n'est, nous le répétons, que l'acte d'un homme de parti ; rien de plus, rien de moins. Cela est si vrai, que sa retraite a été, si nous ne nous trompons, parfaitement isolée. Et pourtant, nul ne l'ignore, la magistrature française est dignement représentée par des capacités hors ligne, des consciences sans tache et de sévères vertus. Pourquoi donc n'avons-nous pas vu se grouper autour de lui un cortége imposant d'adhésions sympathiques et de démissions simultanées, s'il était vrai, comme il le dit, que le décret du 22 janvier fût une atteinte profonde aux lois existantes, une menace à tous les intérêts ? Qui donc a voulu suivre M. Dupin dans sa retraite, pour protester, comme lui, contre cette prétendue violation du droit de propriété? Personne. Où sont les sommités judiciaires qui ont jugé à propos de donner, aux hôtes de Claremont, une preuve aussi éclatante de dévoûment absolu? Nulle part.

M. Dupin est pourtant trop juste et trop modeste pour prétendre au monopole de la justice et de l'austérité. Comme témoignage privé d'affection et de reconnaissance, sa démission l'honore aux yeux de tout homme impartial ; mais comme manifestation politique, et c'est là son caractère principal, il est de notre devoir de la dépouiller en entier du principe respectable auquel on a voulu la rattacher. Si la protestation que M. Dupin a signée le premier, probablement comme l'ayant rédigée, ne peut pas supporter la discussion, si elle a contre elle le droit civil, le droit public, le droit politique, le droit ancien et le droit nouveau, que devient le prétendu motif de sa retraite? que devient enfin son apparente susceptibilité de magistrat? Nous l'avons dit et nous l'affirmons encore : un superbe prétexte, et rien de plus... L'homme de parti s'est déguisé sous l'hermine, mais il est une chose désormais incontestable : c'est que M. Dupin ne s'est jamais franchement rallié à rien, ni à personne, même depuis l'appel au peuple quoi qu'il en dise, et que depuis la révolution de février, tous ses actes ont été dictés par son fétichisme orléaniste.

Quant à la lettre des princes, elle prend sa source dans de trop nobles sentiments pour n'être pas à l'abri même d'une réfutation. En défendant la mémoire de leur père, ils ont rempli une sainte mission ; respect à leur piété filiale et honte à quiconque aurait l'impudeur de la discuter.

---

### Incompétence des tribunaux. — Conclusion.

L'on nous annonce à l'instant l'apparition de deux brochures traitant l'une et l'autre le sujet qui nous occupe. Cette double publication inattendue nous force à suspendre notre travail pour offrir au public le faible tribut de nos études en même temps que les honorables écrivains qui viennent de nous devancer. Trois plaidoyers, se succédant à vingt-quatre heures d'intervalle pour défendre la même cause, doivent probablement pécher par les redites et faire double emploi. Tant mieux. La lumière n'en sera que plus vive et la vérité mieux démontrée. Dans cette discussion trop restreinte, nous nous sommes attaché de préférence à la question de droit soulevée par le décret dont nous avons tâché de prouver la parfaite orthodoxie. Cette question, nous ne l'avons pas épuisée, tant s'en faut ! aussi nous proposons-nous de lui donner encore plus de développement, et de la reprendre à son interruption pour la compléter autant que possible dans une nouvelle et prochaine édition. Nous savons d'avance quel est l'accueil que l'on réserve à cette œuvre de sévère justice, dans certaine région politique. Nous ne prenons pas même la peine de nous en préoccuper. En défendant LE DROIT, nous n'avons fait que notre devoir, advienne que pourra. Et maintenant, qu'on nous accuse d'avoir manqué aux convenances, violé les droits du malheur et attaqué des absents ; qu'on dise, si l'on veut, qu'il eût été plus beau de venir au secours des vaincus ; qu'on se pose en Caton, préférant cette dernière cause à la cause des dieux !... peu nous importe. Les belles phrases n'ajoutent rien à la raison, et toute voix doit se taire devant la voix de la justice. Si l'on nous accuse, enfin, d'avoir dédaigné les formules du langage parlementaire, nous accepterons le reproche et nous confesserons humblement que nous avons toujours professé pour ce langage le plus suprême dédain. Nous n'avons jamais été séduit par ce brillant vernis du mensonge de la pensée. On ne l'adopte que pour se créer les ressources de l'équivoque, et pour s'ouvrir la porte dérobée des systématiques et interminables malentendus. C'est assez comme cela de coups de poignard à lame d'or et à manche de velours, détournés ou applaudis par la discipline des couteaux de bois. Si, à l'exemple des républiques antiques, la France eût chassé tous ses sophistes, les pages de notre histoire seraient pures de bien des taches de sang !...

---

PARIS. — Imp. LACOUR et Cⁱᵉ, rue Soufflot, 16.

www.ingramcontent.com/pod-product-compliance
Lightning Source LLC
Chambersburg PA
CBHW070526100426
42743CB00010B/1962